30년 동안 기독교 학교 운동을 하면서 가장 깊은 공감대를 느꼈던 저자 한 분을 소개하자면, 이 책을 쓴 글렌 슐츠 박사다. 그는 세속화된 미국의 교육에 맞서서 다음세대를 위한 기독교 학교 운동과 성경적인 신앙 교육을 가장 오랜 기간 강조한 석학이다. 이 책에서 그는 경건한 다음세대를 일으키기 위해 가정과 교회, 학교가 함께 동역해야 하는 이유를 명확하고 설득력 있게 제시한다. 무엇보다 이 책은 성경적인 기초 위에서 신앙 교육의 철학과 모델을 제시하기 때문에, 다음세대의 신앙 교육에 대해 진지하게 고민하며 답을 찾는 모두에게 이 저자의 목소리에 귀를 기울여볼 것을 추천한다.
김요셉 목사(중앙기독학교 이사장)

글렌 슐츠 박사가 심혈을 기울여 저술한 이 책은, 다음세대 양육에서 가정, 교회, 학교의 역할과 협력 관계에 대하여 성경적인 교육 철학을 잘 제시하는 귀한 책이다. 미국에서 출간된 지 20여 년이 넘었는데도, 다음세대를 위한 성경적인 교육을 고민하는 학부모와 목회자, 기독교 교사에게 꾸준히 영향을 끼치는 스테디셀러다. 이 책이 번역되어 한국의 많은 그리스도인이 읽을 수 있게 된 것이 진심으로 기쁘다. 이 책이 한국의 그리스도인 부모, 목회자, 기독 교사들에게, 다음세대를 제자 삼기 위한 하나님의 소중한 가르침을 전달해줄 것이라는 소망이 있다. 한국에서 오랫동안 기독교 학교 운동을 해왔는데, 큰 원군을 만난 것 같은 마음으로 기꺼이 이 책을 추천한다.
박은조 목사(샘물 기독교 학교 설립자, 글로벌 문도하우스 원장, 중국 아프간 선교회 이사장)

글렌 슐츠 박사는 오늘날 기독교 학교를 알리는 세계적으로 유명한 인사 중한 사람이다. 그는 미국에서 가장 좋은 학교 중 하나인 린치버그 기독교 학교에서는 학교 행정가로, 현재 가장 큰 복음주의 학교 모임인 국제 기독교 학교 협회에서는 남동부 지역 디렉터로 섬겼다. 글렌 박사는 말로 소통하는 탁월한 재능으로, 하나님나라 교육에 대한 그의 놀라운 비전을 소개하고, 우리에게 다음세대 교육에 관한 도전을 던진다.

폴 키널(국제 기독교 학교 협회 설립자)

이 책을 쓴 글렌 슐츠 박사는 명확히 맞는 말을 전달한다! 그는 예리한 통찰과 풍부한 경험, 강한 확신으로 지난 몇십 년 동안 이루어진 교육의 전면적 변화를 인식하도록 부모와 사역자, 교사들을 도전했다. 영적 전쟁 말고 다른 어떤 것으로는 교육과 사회의 세속화 물결을 바꿀 수 없다. 모든 부모와 사역자와 교육자는 하나님나라 교육 원리에 따라 다음세대를 교육하기 위해 어깨를 나란히 하고 노력해야 한다. 바로 우리 사회의 미래가 여기에 달려 있다.

제임스 드레이퍼 주니어(라이프웨이 지원부 명예 의장)

기독교 교육 영역에서 글렌 슐츠 박사보다 더 많은 지식을 소유한 전문가는 없다고 생각한다. 그와 그의 가족이 보여준 은혜로운 기독교 교육의 성공 사례는 기독교 교육 영역의 표본이라고 해도 과언이 아니다. 특별히 자녀를 둔 부모를 비롯해, 그리스도인이라면 누구든지 이 책을 꼭꼭 씹어 먹듯이 읽어보라. 이 책에 가득 담긴, 지금 이 시대에 필요한 솔로몬의 통찰과 지혜를 얻을 수 있을 것이다.

제임스 메릿(조지아주 둘루스에 위치한 크로스포인트 교회 담임목사)

하나님나라 교육

Kingdom Education
God's Plan for Educating Future Generations

© 2003 by Glen Schultz
Originally published in English under the title *Kingdom Education: God's Plan for Educating Future Generations* by LifeWay Press, Nashville, Tennesse, USA.
All rights reserved.

This Korean translation edition © 2022 by Timothy Publishing House, Inc., Seoul, Republic of Korea
Translated and used by permission of LifeWay Press, Nashville, TN 37234, USA.

이 한국어판의 저작권은 LifeWay Press와 독점 계약한 (주)도서출판 디모데에 있습니다.
신 저작권법에 의하여 한국 내에서 보호받는 저작물이므로 무단 전재와 무단 복제를 금합니다.

하나님나라 교육

1쇄 발행	2022년 5월 17일
지은이	글렌 슐츠
옮긴이	KERG 미니스트리
펴낸이	고종율
펴낸곳	주)도서출판 디모데〈파이디온선교회 출판 사역 기관〉
등록	2005년 6월 16일 제 319-2005-24호
주소	서울특별시 서초구 서초대로 141-25(방배동, 세일빌딩)
전화	마케팅실 070) 4018-4141
팩스	마케팅실 031) 902-7795
홈페이지	www.timothybook.com

값 15,000원
ISBN 978-89-388-1685-6 (03230)
© 2022 도서출판 디모데 All rights reserved.〈Printed in Korea〉

하나님나라 교육

글렌 슐츠 지음 | KERG 미니스트리 옮김

이 책을 자녀에게 하나님의 가장 좋은 것을 주기 원하는 모든 가정에 드립니다. 하나님이 자녀 교육에 관해 알려주신 것을 부모와 교사에게 전달하여 그들을 격려하려고 이 책을 썼습니다.

특별히 우리 아이들에게 하나님나라 교육을 실천하는 과정에 멋진 동반자가 되어준 아내 샤론에게 이 책을 바칩니다.

마지막으로, 주님과 함께 걸어가며 큰 기쁨이 되는 세 자녀, 마이클, 테리, 제이슨에게 이 책을 바칩니다.

차례

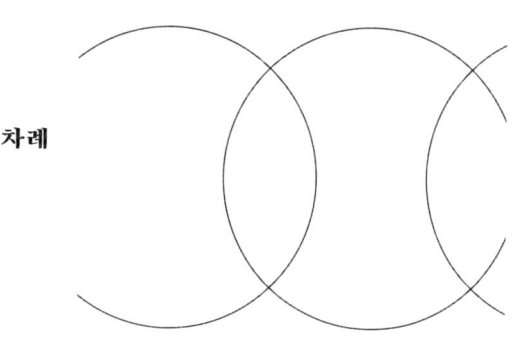

추천의 글　10
감사의 글　13
들어가는 글　15
한국 독자를 위한 서문　22

1부. 하나님나라 교육, 그 정의와 목적, 결과
1장. 교육의 기원　27
2장. 하나님나라 교육이란?　37
3장. 하나님나라 교육의 궁극적 결과　59
4장. 교사의 영향력　81

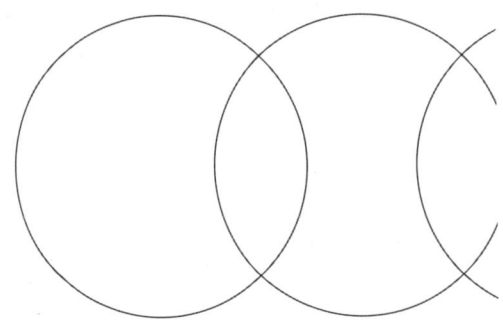

2부. 가정의 역할
5장. 하나님이 부모에게 주신 과제 91
6장. 가정에서 이루어지는 교육 과정 111
7장. 자녀 교육을 위한 조력자를 찾는 원리 121

3부. 교회의 역할
8장. 교회의 중요성 135
9장. 교회를 향한 지상명령 141
10장. 교회의 가정 지원 사역 149

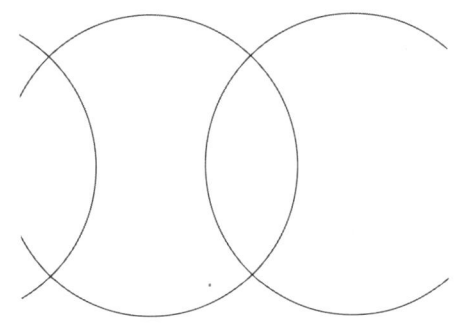

4부. 기독교 학교의 역할

11장. 가정의 신앙과 가치를 강화하는 학교 교육 165

12장. 학교, 주중에 사역하는 또 다른 교회 179

13장. 말씀 중심의 학교 교육 187

5부. 다음세대의 미래

14장. 이원론의 위험성 197

15장. 마음과 생각을 새롭게 하기 207

16장. 실천으로 부르심 217

나오는 글 233

부록 243

주 269

추천의 글

전 세계 수많은 믿음의 자녀와 부모를 섬기면서 교회 안에서 일어나는 여러 안타까운 현실에 직면하게 되었고, 그 현실은 나에게 큰 충격으로 다가왔다. 우리가 직면한 현실은 다음과 같다.

- 가속화되는 가정 해체
- 세상 문화에 영향력을 끼치지 못하는 교회의 무기력
- 교회를 떠나는 십대의 증가

믿음의 부모들은 포스트모더니즘 사회에서 어떻게 가정의 유대감을 튼튼하게 하고, 자녀를 하나님의 사람으로 양육할지 고민한다. 교회 리더들은 교회에 나오는 성도들에게 중요한 영향력을 끼칠 수 있는 시간이 매우 제한적이기에 절망한다. 그런데 그리스도인은 24시간, 일주일 내내 세상에 노출된다. 그 결과 사회는 점점 더 세속화되고, 그리스도인들은 인간 중심적인 문화, 세속화된 대중문화에 젖어들고 만다.

만약 가정과 교회가 자녀를 교육하는 일에서 하나님의 말씀으로 돌아가 순종하지 않는다면, 기독교가 사회에 끼치는 영향력은 더 약해질 것이다. 그래서 나는 현재 교회에서 일어나는 이 안타까운 현상을 제자리로 되돌리기 위해 이 책에서 제시하는 하나님나라 교육의 성경적 원리가 매우 중요하다고 믿는다.

교회 리더들은 이 책의 내용을 공부하여 현재 교회에서 운영하는 프로그램을 점검하고, 부모들에게 이러한 원리를 가르치고 훈련해야 한다. 그리고 가정에서 일주일 동안 성경에 바탕을 둔 교육이 이루어지게 하기 위해 어떤 도움을 주어야 할지 깊이 고민해야 한다. 또 부모는 이러한 원리를 알고 자녀 양육의 전 영역, 특히 자녀 교육에 이러한 원리를 적용하고 지속적으로 실천하려는 수고를 아끼지 말아야 한다. 그리고 그리스도인 교육자는 모든 학생의 마음과 생각에 성경적 세계관을 세워줄 교육 철학에 따라 초·중·고등학교와 대학교, 신학교를 운영할 수 있도록 하나님나라 교육 원리를 잘 이해하고 시행해야 한다.

현재의 문제에 그리스도인들이 직면하기까지 상당히 오랜 시간이 걸렸다. 아마도 이런 풍토를 되돌리는 데도 오랫동안 지속적인 노력을 기울여야 할 것이다. 기독교가 당면한 위기에 대해 고민하다가 나는 『믿음을 넘어 확신으로』(Beyond Beliefs to Convictions)라는 책을 출간하게 되었다. 그리고 가정과 교회가 그리스도 안에서 다음세대를 경건한 하나님의 세대로 세우도록 돕는 새로운 캠페인을 시작했다. 만약 교회와 가정이 이 사명을 성공적으로 감당하고자 한다면, 이 책 『하나님나라 교육』은 분명히 그 일을 이루기 위한 핵심 요소가 될 것이다.

우리 아이들이 포스트모더니즘의 세계관을 거부하고, 더 나아가 깊이 있는 기독교적 사고방식을 확립하며, 확신 가운데 거하도록 도울 수 있는 가장 이상적인 길은 바로 가정과 교회, 학교가 하나 되어 하나님의 진리로 자녀를 무장시키는 것이다. 그 진리가 왜곡된 현실에서 자녀를 보호하는 길이 돼줄 것이다.[1]

이 책은 가정과 교회, 학교가 하나로 연합하는 것을 현실이 되게 할 전략을 제공해준다.

조쉬 맥도웰

감사의 글

 이 책이 단지 이상적인 생각으로 그치지 않도록 도움을 준 귀한 분들에게 감사의 말을 전하고 싶다. 먼저 책임 편집자로서 이 책의 모든 내용이 명확하고 선명한 단어로 표현되도록 나의 생각을 다듬어준 노마 골드먼에게 감사드린다.
 또한 다듬어지지 않은 원고를 맡아서 완성본으로 만드는 수고를 아끼지 않은 린다 그래머에게 특별히 감사한다. 이 외에도 이 책의 제2판이 나올 수 있도록 귀한 도움을 준 헬렌 오언스, 린다 본드, 짐 캠벨에게도 감사를 전하고 싶다.
 더불어 이 책의 출판에 도움을 준 귀한 분들이 있다. 책을 출간하기 위해 모든 일정을 조율하고, 출판팀을 이끌어준 팻 브라운에게 감사한다. 다듬어지지 않은 초안을 계속 검토해주고 이 책에서 의미가 선명하게 드러나도록 많은 조언과 격려를 아끼지 않았던 마이클 밀러 박사에게도 감사한 마음을 전한다. 그리고 이 책이 출판되기 전에 마지막 감수를 통해 귀한 도움을 준 프랭크 루이스와 조이스 에일러 박사에게도 감사의 인사를 전한다.

마지막으로 모든 스태프에게 감사를 전한다. 특히 이 책을 집필하는 동안 내 삶에 필요한 모든 일이 잘 진행되도록 도움을 준 가족에게도 깊은 감사를 전한다.

들어가는 글   교육의 중요성

　지금으로부터 20년 후 미래 사회는 어떻게 변화할까? 특히 가정은 어떠한 모습을 하고 있을까? 어떤 사람들이 주일마다 교회에 모여 예배에 참석하게 될까? 이 책을 집필하기 시작할 무렵, 그러한 질문들이 마음 깊숙한 곳을 무겁게 파고들었다. 향후 10년에서 20년 사이에 사회, 가정 그리고 교회가 직면할 도전을 상상할 때면 두려움이 찾아왔다.
　이 책이 처음 출간된 뒤 세상 문화뿐 아니라 기독교 역시 세속화되는 과정을 목격했다. 조지 바나 리서치 기관의 조사에 따르면, 자신을 그리스도인이라고 정의하는 미국 사람 중 단 7-8퍼센트만이 성경적 관점으로 사고한다고 한다. 그리고 미국 사회가 영적 성숙의 길 아니면 혼란의 길로 향하고 있는데, 지금 학교 교실에서 교육받는 다음 세대가 미국 사회가 걸어갈 길을 결정하리라고 내다보았다.[1] 이런 현실 때문에 그리스도의 몸 된 교회가 그리스도의 지상명령(마 28:18-20)을 효과적으로 수행하려면, 앞서 내가 던졌던 질문에 대답해야 한다.

리서치 결과는 사회와 가정과 교회의 미래를 잘 준비하기 위해 어린이와 청소년을 교육하는 것이 무엇보다 중요하다는 나의 교육 신념을 명확히 뒷받침한다.

지난 100년 동안 교육 전반을 지배하고 있는 세속적 인문주의 철학이 현대인의 삶에 이렇게 빠르게 침투하게 될 줄은 미처 예상하지 못했다. 라비 재커라이어스(Ravi Zacharias)는 '암스테르담 2000'(Amsterdam 2000)에서 현대 문화에 커다란 영향을 준 5가지 핵심 변화를 언급했다.

1. 무신론이 초래할 비관적 결과를 버텨내겠다는 자만심
2. 예수 그리스도가 구원의 유일한 길임을 부정하는 동양 신비주의의 영향
3. 시각 지향적 문화의 지배
4. 청소년 중심적 사회
5. 도덕적 방향을 제시하는 절대 권위의 부재가 초래한 문화 체계의 구심점 상실

재커라이어스는 청중에게 오늘날 기독교가 직면한 문제를 생각해보라고 도전했다. "당신은 눈으로 듣고, 느낌으로 생각하는 세대에 어떻게 다가가겠습니까?"[2]

최근 연구 조사에 따르면 거듭난 청소년 중 단지 7퍼센트만이 성경 원리에 따라 도덕적 선택을 한다고 응답했다. 나머지 83퍼센트는 상황에 따라 도덕적 진리가 변할 수 있다고 했다. 이 연구는 도덕적 의

사 결정의 일반적인 기준이 상황에 따라 편리하고 옳다는 느낌이 드는 대로 세워진다는 점을 보여준다. "다음세대 가운데 급속도로 나타나는 도덕적 기반의 붕괴는 청소년의 세계관을 극명하게 보여주는 '무엇이든 상관없다'(whatever)는 말에서 정점을 찍는다."³

2002년 6월, 제9 순회항소법원(the Ninth Circuit Court of Appeals)은 미국 국기에 대한 맹세가 위헌임을 선언하는 법령을 통과시켰다. 역사적 위헌 선언의 결정적 근거는 국기에 대한 맹세에 "하나님의 통치 아래서"(under God)라는 표현이 포함되어 있었기 때문이다. 사회 각계각층에서 충격과 놀라움을 표했지만, 우리에게는 이 판결이 단순히 놀랄 만한 일일 수만은 없다. 수십 년 동안 관용주의, 상대주의, 주관주의 위에 세워진 미국 공교육의 교육 철학이 빚어낸, 당연히 예상되는 결과이기 때문이다. 이러한 이유로, 이 책이 처음 출간되었을 때보다 지금 기독교의 미래에 관해 더 중요한 메시지를 전한다고 생각한다.

사람이 창조되고 나서부터 줄곧 사람을 올바르게 교육해야 할 필요성이 존재해왔다. 하나님이 사람을 창조하셨을 때 그분은 사람에게 "이 땅을 돌보고 다스러라"고 명령하셨다. 이는 사람이 하나님의 창조 세계에 관해 더 많이 배우고 알아야 그분의 명령을 지킬 수 있다는 사실을 의미한다. 아담에게 주어진 첫 번째 과제는 모든 동물의 이름을 지어서 미래 세대가 하나님이 창조하신 모든 피조물을 알 수 있게 하는 것이었다. 이 최초의 과제를 시작으로 후손들이 다음세대에 지식을 전달하는 과정(교육, Education)이 수행되었다. 하나님의 창조 계획에 일치하면서도 생산적인 삶을 살아가도록 아이들을 교육하는 일은 모든 시대의 주안점이었다.

　오늘날 우리 사회는 40년이 넘는 세월 동안 진행된 도덕적 타락으로 인해 비틀거리고 있다. 범죄율이 치솟고, 가정은 붕괴하고 있으며, 교회는 세상 속에서 빛과 소금의 역할을 점점 상실하고 있다. 전문가 대부분은 교육만이 미래를 위한 유일한 희망이라고 주장한다. 그러나 현재 시행되는 교육 제도는 하나님과 그분의 말씀을 교육 현장에서 제외한다. 그래서 결과적으로 교육을 발전시키려는 모든 노력이 부모들에게 더 심각한 문제와 좌절감을 안겨준다.

　하나님이 이 세상과 그 안에 존재하는 모든 것을 창조하신 유일한 창조주이시므로 오직 하나님만이 도덕적 타락을 멈출 방법을 알려주실 수 있다. 그분은 성경으로 다음세대를 교육하는 근본 원리를 제시해주셨다. 이 사회에 큰 변화를 일으키기를 원한다면, 또 다음세대를 성경으로 양육하기를 바란다면, 다시 한번 하나님이 주신 그 방법을 따라야 한다. 자녀를 훈련할 책임은 항상 가정(부모)에 우선으로 있으나, 오순절 성령 강림 이후에는 교회가 가정과 연합하여 그 책임을 함께 지고 있다.

　비록 성경에 학교가 구체적으로 언급되지 않았지만, 이는 오늘날 사회의 주요한 기관이 되었다. 그러므로 그리스도인은 학교를 하나님의 교육 계획의 틀에 맞추는 방법을 결정해야 한다. 하나님의 관점으로 다음세대를 교육하는 일에서 학교를 가정이나 교회에서 분리하면 절대 성공적인 교육이라는 결과를 얻을 수 없다.

　우리의 교육이 현재 상태가 될 때까지 많은 시간이 걸렸으므로,

다시 성경적 교육을 회복하기까지는 오랜 시간이 필요할 것이다. 그렇지만 지금 당장 시작하지 않는다면, 이 세상 사람들을 그리스도께로 인도하는 우리 사명감이 약화하고, 기독교의 미래가 위기에 빠질 것이 분명하다.

현재까지의 역사를 봐도 그렇듯이, 사회의 미래를 위해 교육이 강조됨을 알 수 있다. 에밀 브루너(Emil Brunner)는 1941년 버지니아 장로교 총회의 연설에서 오늘날의 그리스도인들이 귀 기울여야 할 강력한 경고를 전했다.

> 여러분이 잘못 생각하고 있는 것이 있습니다. 독일의 이교도 사상은 갑작스럽게 등장한 것이 아닙니다. 벌써 반세기가 넘도록 독일의 학교에서는 하나님과 기독교가 점점 사라지고 있습니다. 그 결과 교육은 세속화되었습니다. 하나님을 인정하지 않고, 국가와 국제 관계에서 조화로움과 품위를 지키게 해주는 기본적인 도덕적 제재 역할의 보호 장치를 더는 고려하지 않는 세대가 등장했습니다. 이것이 독일 교회가 텅 비어버린 이유입니다. 또 아돌프 히틀러를 따라 온 나라가 어둠을 받아들이게 된 이유이기도 합니다.[4]

이와 같은 비극적 시나리오를 피하려면 가정과 교회뿐 아니라 학교에서도 반드시 성경적 교육이 이루어져야 한다.

그렇다면 그리스도인 학부모, 교회 지도자 그리고 기독교 교육자들이 다음세대를 교육할 때 반드시 따라야 할 성경적인 교육 철학은 어떤 내용인지 대략 살펴보아야 한다. 하나님나라 교육은 삼발이 의자(Milking Stool)에 비유할 수 있다. 삼발이 의자 다리가 2개나 4개처럼 짝수라면 평평하지 않은 곳에서 균형을 잃게 된다. 그렇지만 의자의 다리가 3개라면 지면의 상태와 상관없이 안전하게 앉을 수 있는 안정된 기반을 제공할 것이다.

가르침과 배움에 대한 성경 원리를 계속해서 가정, 교회, 학교에 적용할 때, 다음세대는 하나님을 기쁘시게 하는 삶을 살아갈 견고한 기초를 다지게 된다. 가정, 교회, 학교라는 세 개의 다리 모두가 아이들과 청소년을 하나님의 방법에 따라 교육해야 한다. 이 세 개 다리 중 어느 하나라도 성경적 교육 철학에 기반을 두지 않는다면 그 교육 시스템은 결국 실패로 끝날 가능성이 크다.

우리는 유대 공동체가 거주하는 땅의 크기나 집단의 규모와 상관없이 자신들의 독특한 문화를 유지해온 방법을 주목할 필요가 있다. 유대인 공동체에 속한 개개인은 모두 유대교 공통의 목표를 공유한다. 다음세대에 유대교 신앙을 전수하는 것이 그들의 목표다. 모든 정통 유대인은 가정과 회당 혹은 학교에서 믿음과 성경적 가치를 중심으로 움직인다. 그들은 다음세대가 유대교 안에서 성장하고 전통적인 신앙을 충실하게 지키도록 함께 노력을 기울인다.

이와 같은 방식은 고대 히브리 시대부터 이어진 것이다. 히브리인들은 다음세대를 '하나님의 절대적인 존재성에 기반을 두지 않는 그리스 철학'의 가르침에서 철저히 보호했다. 탈무드를 보면, 한 젊은이가 '그리스 철학'을 배우려고 삼촌인 랍비에게 찾아갔다. 그 현명한 랍

비는 젊은이에게 여호수아 1장 8절에 나온, 밤낮으로 하나님 말씀을 묵상하라는 명령을 상기시켜주면서 이렇게 말했다. "자, 이제 가서 밤과 낮이 아닌 시간을 찾아보고 그 시간에 그리스 철학을 배워라."[5]

그리스도인 학부모와 교회의 리더와 사역자, 학교의 교사가 함께 노력해야 하나님나라 교육을 성취할 수 있음을 깨닫는 것이 중요하다. 이제는 예산이나 공간, 프로그램에 관한 논쟁을 멈추고 "내가 너희에게 분부한 모든 것을 가르쳐 지키게 하라"(마 28:20)는 말씀에 따라 아이들을 그리스도의 제자로 삼으라는 지상대명령에 집중해야 한다.

또한 '학교'라는 용어를 배움의 과정보다는 교육의 장소로만 인식하는 현실을 각성해야 한다. 이 책에서 '학교'는 주중 평일에 어린이와 청소년이 받는 교육을 의미한다. 즉 평일 어린이집, 유치원 그리고 초·중·고등학교와 홈스쿨을 포함한다. 연령대와 교육 방식에 상관없이 교육의 성경적 원리가 변함없이 유지되어야 하고, 모든 교육 과정을 이끌어야 한다.

지금 당장 모든 교회가 기독교 학교를 시작하도록 설득하는 것이 이 책의 궁극적 의도는 아니다. 어린이와 청소년 교육에 대한 하나님의 계획을 이해하고, 그들이 그런 교육을 받아야 한다는 확신을 모든 그리스도인에게 주려고 이 책을 썼다. 이러한 노력이 성공한다면 다음 세대가 '그리스도를 위해 세상을 바꿀 수 있으리라고'(행 17:6 참고) 확신한다. 소용돌이 끝으로 향하는 도덕적 타락은 멈추고, 가정은 다시 회복될 것이며, 교회 또한 이 사회의 빛과 소금이 될 것이다. 그것이 이 책을 쓴 목적이다.

한국 독자를 위한 서문

50여 년 전 교편을 잡으면서 나는 교육이 왜 필요한지, 그 진정한 목적이 무엇인지 알고 싶었다. 교육은 단지 사실과 새로운 정보를 전달하는 이상이 되어야 한다는 사실을 너무나 잘 알고 있었다. 보통 부모들은 자녀가 좋은 교육을 받기를 원하는데, 부모들에게 자녀에게 왜 좋은 교육을 받게 해주고 싶으냐고 물어보면, 대부분 다음과 같이 대답한다.

우리 아이가 좋은 대학에 들어가 좋은 직장을 얻었으면 좋겠어요. 좋은 교육을 받으면 성공적이고 편안한 삶이 보장되니까요.

이런 답변을 들으니, 교육이 마치 유한한 목적에만 의미가 있는 것처럼 보였다. 그리고 교육이 지향하는 영원한 목적이 있는지에 관한 의문이 생겼다. 그래도 나는 가르치는 일이 영원한 것과 상관있기를 바랐다. 우리 아이들이 받는 교육에, 학교에 가고, 학위를 받으며, 보수가 좋은 직업을 얻는 이상의 목적이 있기를 바랐다.

가르치는 것은 꽤 지치고 힘든 일이다. 가르치는 일 속에서 영원한 목적을 찾지 못한 채 결국 다른 많은 사람처럼 무기력한 상태가 되어, 교사의 일을 그만두게 될까 봐 두려웠다. 가르치는 일을 지속할 수 있도록, 나는 몇 년 동안 교육의 영원한 목적을 제시하는 교육 철학을 세우기 위해 성경을 뒤지고 많은 책을 읽었다. 결국 오랜 시간이 걸렸지만, 하나님이 다음세대가 어떻게 교육되기를 바라시는지 명확하게 알려주는 성경의 원리를 발견했다.

나는 교육이 학교 교육의 범위를 넘어선다는 것을 깨달았다. 교육은 가정과 교회뿐만 아니라 학교까지 참여하는 다면적 과정이다. 그래서 1996년에 라이프웨이 기독교 학교 지원부(LifeWay Christian School Resource)에 들어가 새로 구성된 기독교 학교와 홈스쿨링 분야를 이끌었다. 그곳에서 하나님이 교육에 관해 가르쳐주신 통찰을 나누자, 라이프웨이 지도부는 그 교육적 통찰을 글로 써보라고 제안했다. 그들은 내가 누구도 알지 못하는 교육에 대해 말하고 있다고 평가했다.

지금 당신이 읽고 있는 이 책은, 하나님이 다음세대를 교육하시려고 자신의 계획을 알리시고 이해할 수 있도록 나를 이끄신 삶의 여정에서 나온 결과물이다. 이 책의 제목은 『하나님나라 교육』이다. 하나님나라가 모든 그리스도인이 구해야 할 최우선 순위(마 6:33)이기에 이 제목을 택했다.

하나님은 그분의 나라 안에서 통치하시며 우리의 순종을 받으셔야 한다. 하나님이 가정과 교회, 학교의 전체 교육 과정을 통치하실 때만 하나님나라 교육이 이루어질 수 있다. 나의 기도 제목은 모든 부모와 사역자, 교육자가 기도하는 마음으로 교육의 문제를 성경적으로 다루고, 가정과 교회, 학교가 하나님의 교육 계획에 따라 다음세대를 이끄는 것이다. 이러한 하나님나라 교육이 이루어지면, 예수 그리스도를 위해 이 세상을 변화시키고자 하는 새로운 다음세대를 볼 수 있으리라고 믿는다.

1

하나님나라 교육, 그 정의와 목적, 결과

배움의 완성은

인류 최초의 조상인

아담과 하와의 타락을

회복하는 것이다.[1]

_존 밀턴

1장.　　　　　　　　　　　　　　　　　　　교육의 기원

그리스도의 몸 된 그리스도인이 자녀를 위해 올바른 교육 체계를 세우려면, 하나님이 천지를 창조하시던 때로 돌아가서 그분이 만드신 교육의 모습을 다시금 주의 깊게 살펴봐야 한다. 교육에 대한 하나님의 뜻을 깨닫고자 한다면 다음 두 가지 본질적인 질문에 답해보라. 첫 번째 질문은 '교육은 필수적인가?' 하는 것이다. 그리고 두 번째 질문, '언제부터 교육이 필수로 여겨졌는가?'도 동일하게 중요하다.

'교육'(Education)이라는 용어는 성경에서 찾아볼 수 없다. 그 대신 '가르침'(Teaching), '지시와 설명'(Instructing), '훈련'(Training), '훈육'(Discipling)과 같은 단어는 많이 나온다. 교육과 관련한 용어가 다양하다는 것은 이것을 한 단어로 정의할 수 없다는 사실을 의미한다. 이처럼 교육에는 여러 정의가 있지만, 다음은 그 정의들을 잘 요약한다.

어린이나 청소년이 공식적 가르침과 훈련을 통해 지식(Knowledge), 기술(Skills), 잠재력(Ability)과 성품(Character)을 성장시키는 과정이다.[2]

이와 같은 정의를 고려하여 훈련(Training), 지시(Instruction) 그리고 교육(Education)과 같은 용어들은 이 책에서 상호 교차적으로 사용할 것이다.

앞에서 제기한 두 가지 중요한 질문에 대한 답을 하나님의 창조 이야기에서 찾을 수 있다. 창세기 1장에는 하나님이 이 세상을 창조하신 경이로운 이야기가 묘사된다. 그분의 창조 가운데 최고의 절정이 26절부터 31절까지 잘 나타나 있다. 바로 하나님이 자신의 형상을 따라 사람을 창조하셨다는 것이다. 이 놀라운 창조 활동이 사람을 하나님이 창조하신 다른 모든 피조물과 구별되게 한다. 오직 사람만이 몸뿐만 아니라 영혼을 가진 존재로 창조된 것이다. 하나님이 사람을 지으신 일에서 가장 놀라운 점은 사람에게 탐구하고 사유할 힘과 함께 지성을 주셨다는 것이다. 이 놀라운 지성을 가진 사람은 하나님과의 친밀한 관계 속에서 창조주이신 그분을 알아갈 수 있다.

창세기 1장 28절에서 하나님은 그분이 창조한 세상을 돌보고 다스릴 책임을 사람에게 주셨다. 창세기 2장 19-20절에도 하나님이 사람에게 모든 동물을 다스릴 권한을 위임하셨다는 점이 명확히 나온다. 하나님이 모든 동물을 아담에게로 이끌어주셨고, 아담이 각 동물에게 이름을 지어준 것이 이 위임의 증거다. 태초에 하나님이 자신의 권위를 사람에게 위임하신 것은 참으로 놀라운 사건임을 명심해야 한다.

창세기 1장 28절과 2장 19-20절을 통해 살펴보았듯이, 에덴동산에서 하나님이 하신 교육은 독특했다. 아담은 자신을 창조하신 하나님과 직접적이고 개인적인 관계를 맺었다. 아담은 무언가를 배워야 할 때 하나님께 나아갈 수 있었고, 하나님은 창조 세계에서 무엇이든 기꺼이 가르쳐주셨다.

예를 들면, 창세기 2장 18절에서 이미 하나님은 아담이 홀로 사는 것이 좋지 않다는 사실을 아시고 아담에게 어울리는 돕는 배필을 준비하신다. 동시에 하나님은 아담이 동물들의 이름을 짓는 동안 자신에게 어울리는 배필이 없다는 점을 스스로 깨닫게 하신다. 하나님은 아담의 갈비뼈로 하와를 지으시기 전에 아담이 돕는 배필의 필요성을 자각하기를 바라셨다. 다시 말해, 하나님은 이름을 짓는 과정을 통해 아담에게 하와를 지으신 목적을 교육하신 것이다.

불행히도, 이런 완벽한 상태는 오래 지속되지 못한다. 사탄의 유혹에 넘어간 아담과 하와는 결국 하나님이 금하신 선과 악을 알게 하는 나무의 과실을 먹고 하나님께 불순종하게 되었다. 그 결과로 죄가 이 세상에 들어왔고, 처음으로 아담은 하나님과 분리되는 경험을 한다. 이 참혹한 역사의 시점부터 예수님이 이 땅에 다시 오실 날까지 모든 사람은 죄 된 본성을 가지고 태어나게 되었고, 성령으로 거듭나야 할 필요가 생겼다.

그날 에덴동산에서 일어난 또 다른 중대한 사건이 하나 있다. 바로 사탄이 사람을 하나님에게서 떠나게 하려고 지금도 여전히 사용하는 전략을 하와에게 사용한 것이다. 창세기 3장 5절에서 사탄은 하와에게 다음과 같이 말한다. "너희가 그것을 먹는 날에는 너희 눈이 밝아져 하나님과 같이 되어 선악을 알 줄 하나님이 아심이니라." 하와는 열매를 먹으면 모든 것을 알게 되고 지혜롭게 된다는 말을 믿어버린다. 아담과 하와의 불순종으로 야기된 타락은 지금까지 모든 사람에게 영향을 미치게 되었다. 지성이 어두워지고, 하나님을 아는 능력을 상실하여 선을 알 수 없게 되었다. 하나님과 같이 되기는커녕 악을 알게 되었다. 모든 부모는 가르친 적이 없는데도 자녀가 나쁜 행동을 한다는 사실을 깨닫는다. 하지만 문제는 자녀에게 옳은 것과 올바르게 행동하도록 가르치는 일이 쉽지 않다는 것이다. 이러한 점으로 미루어보아, 교육이 필요하다는 점은 명백하다. 그러나 죄가 이 세상에 들어온 순간부터 교육의 목적은 바뀌었다. 죄가 여전히 모든 아이의 마음을 옭아매고 있기에, 우리는 아이들이 옳고 그른 것을 분별할 수 있도록 교육해야 한다.

적절한 가르침과 훈련을 통해서만 다음세대가 그들 자신의 죄된 본성과 구세주의 필요성을 인식하게 된다. 이 세상에 태어난 모든 아이는 잘못된 것에서 옳은 것들을 분별할 수 있도록 적절한 훈련을 받아야 한다. 지금도 사람에게는 교육이 필요하다. 그러나 역사에서 행했던 교육적 노력에 담긴 위험성은 하와가 사탄에게 속은 두려운 그 날에 직면한 위험성과 같다. 즉 교육이 사람과 사회를 개선할 수 있다는 믿음이다.

〈뉴욕 타임즈 매거진〉(New York Times Megazine)에 실린 "우리가 지금 살아가는 방식"이라는 제목의 여론 조사에 따르면 미국 성인의 73퍼센트는 사람이 선한 상태로 태어난다고 믿는다고 한다.[3] 미국 사회 대다수의 개인과 공동체가 사람이 선하게 태어난다고 믿는다는 것은 그들 사회에 속한 개인에게 좋은 환경과 교육이 기본적으로 제공된다면, 사람이 완전해질 수 있다고 믿는다는 의미이기도 하다. 사탄이 하와에게 선과 악을 알게 하는 나무의 열매를 먹기만 한다면 하나님처럼 모든 것을 알 수 있다고 속삭였던 것처럼, 오늘날도 여전히 교육이라는 나무의 열매를 먹는다면 우리가 완전한 존재가 될 수 있다고 유혹하고 있다.

예를 들어, 우리는 미성년자의 임신, 음주, 마약 문제 같은 심각한 청소년 문제와 마주하고 있다. 그런데 사회에서 이러한 문제를 해결하는 방식은 성교육을 하고 마약이나 음주의 위험성에 관해 예방교육을 하는 것이다. 만약 이와 같은 더 좋은 교육 프로그램만 있다면, 사회에서는 이런 모든 문제를 해결할 수 있고, 더는 하나님이 필요하지 않을 것이라고 말할 것이다.

우리는 너무 자주 스스로 완벽한 존재가 되는 데 교육을 수단으로 사용한다. 하지만 그리스도인들이 잊지 말아야 할 사실은 어떤 종류의 교육이든, 절대 한 개인을 완전한 존재로 만들 수 없다는 점이다. 오직 사람은 예수 그리스도의 구원으로만 온전해질 수 있다.

그리스도인은 자녀 교육에 있어서 거짓된 철학의 먹잇감이 되어서는 안 된다. 아무리 좋은 교육이라고 해도 절대 삶을 변화시킬 수 없다는 사실을 항상 기억해야 한다. 절대 교육으로 도덕적 사람이나 윤리적 사회를 만들 수 없다. 오직 그리스도의 구속으로만 삶에 이러한 기적을 일으킬 수 있다.

그렇다면 그리스도인에게 교육의 참된 목적은 무엇일까? 하나님나라 교육이 의미하는 바는 무엇인가? 교육의 과정에서 가정과 교회와 학교의 역할은 무엇인가? 앞으로 이와 같은 여러 질문을 다룰 것이다. 나는 교사, 코치, 고등학교 교장 그리고 학교 이사로 지내며 다양한 교육 프로그램과 교육 기관에 대해 배워왔다. 또한 교회 협력 목사로 섬기며 교회 안에서 이루어지는 여러 교육 사역에도 참여했다. 그뿐 아니라 한 가정의 가장으로 세 자녀를 양육하면서, 자녀를 훈련하는 것에 관한 깊은 통찰도 얻을 수 있었다.

그러나 내 삶에 가장 큰 영향을 끼친 것은, 다음세대를 위한 교육과 관련한 말씀에 담긴 교육 원리를 이해하도록 이끄시는 성령의 능력이었다. 나의 교육이 완벽한 것은 아니지만, 교육에 관해 연구하고 경험하는 시간이 쌓여갈수록 다음세대를 향한 하나님의 소망을 더 잘 깨달을 수 있었다.

성경 말씀을 깊이 묵상하고 연구할 때 하나님은 그리스도인이 자녀를 어떻게 교육해야 하는지에 관한 그분의 진리를 알려주셨고, 나는 각 단계를 이끄는 10가지 성경 원리를 발견했다. 이 원리는 하나님 나라 교육의 기초가 되었다.

1. 가장 우선 되는 부모의 책임은 자녀 교육이다(신 6:4-9, 11:18-21, 시 78:1-7, 127:3, 잠 22:6, 말 2:13-16, 엡 6:4).

2. 신앙 교육은 주일 한두 시간의 교회 교육 활동을 넘어, 자녀가 태어나는 순간부터 성숙에 이르기까지 하루 24시간, 일주일 내내 이루어져야 하는 평생 교육이다(신 6:7, 11:19, 잠 22:6).

3. 교육의 목적은 다음세대를 위한 제자 양육과 구원이다(시 78:6-7, 마 28:19-20).
4. 교육의 기반은 절대 진리인 하나님의 말씀(성경)이다(마 24:35, 시 119편).
5. 교육에서는 그리스도를 삶의 으뜸으로 여겨야 한다(골 2:3, 6-10).
6. 교육으로 인해 다음세대의 영적, 도덕적 발전이 저해돼서는 안 된다(마 18:6, 19:13-14, 막 10:13-16, 눅 18:15-17).
7. 부모가 다른 사람에게 교육을 위임한다면, 최대한 신중하게 이러한 원칙을 따르는 교사를 선택하여 맡겨야 한다(출 18:21, 삼상 1:27-28, 3:1-10).
8. 교육의 결과로, 교사의 믿음 체계와 세계관에 따라 다음세대의 믿음 체계와 세계관도 형성된다(눅 6:40).
9. 교육은 모든 지식을 성경적 세계관의 틀로 연결하여, 다음세대를 참된 지혜로 이끈다(롬 1:20, 시 19:1, 104:24, 136:5, 잠 4:5, 7, 3:19, 9:10, 렘 10:12, 롬 11:33, 눅 11:52, 골 2:3, 고전 8:1, 13:8, 롬 1:28).
10. 교육에는 영원한 관점을 포함하는 미래관이 있어야 한다(골 3:1-2, 3:23-24, 마 6:19-20, 딤후 4:6-8, 행 20:24, 히 11:13).

성경적 교육 원리 10가지를 주의 깊게 살펴보자. 각각의 원리와 관련한 성경 구절을 읽으라. 그리고 계속 이 책으로 공부하는 동안 다음세대 교육에 관해 더 깊게 이해할 수 있게 해달라고 하나님께 구하라(원리들을 더 깊이 알고 싶다면 부록을 참고하라).

하나님은 사람을 그분과 교제할 수 있는 존재로 창조하셨다. 죄로 인해 그 친밀한 관계는 깨어졌지만 예수 그리스도를 나의 구세주로 받아들일 때 그 관계성은 다시 회복된다. 요한복음 17장 3절에 다음과 같은 말씀이 나온다. "영생은 곧 유일하신 참 하나님과 그가 보내신 자 예수 그리스도를 아는 것이니이다." 구원받은 사람은 마음의 문이 열리고 하나님을 알게 되며, 자신을 향한 하나님의 특별한 목적을 깨닫는다. 그리스도 예수 안에서 우리는 삶의 진리를 배울 수 있고, 하나님과 친밀한 관계를 맺을 수 있다. 하나님을 알고 경험하는 능력을 충분히 활용하면서 우리는 다음세대 교육에 관해 논할 때 이런 부분에 초점을 맞춰야 한다.

이제는 다음세대를 위한 교육에 대해 하나님의 말씀에 주의를 기울여야 할 때다. 그리스도의 몸 된 교회의 미래는 다음세대를 어떻게 교육하는가에 달렸다. 현재의 모습에 머무를 수는 없다. 우리는 다음세대에게 하나님 말씀에 충실한 일관성 있는 교육 과정(방법)을 제공하기 위해 최선을 다해야 한다. 이 책이 제시하는 많은 개념이 지금 교육에 관해 당신이 품고 있는 생각이나 신념에 도전이 될 수도 있다. 하지만 나는 하나님이 참된 교육의 원리를 당신에게 계시해주시기를 간구한다.

1부에서 하나님나라 교육의 정의와 교육적 구조를 제시할 것이다. 이를 통해 가정과 교회, 학교에서 우리 아이들에게 일관된 교육 과정을 어떻게 제공할 수 있을지 알게 될 것이다. 또한 교육의 궁극적 목적을 논의하고, 교육을 통해 얻을 수 있는 효과와 얻기를 기대할 수 없는 결과에 관해서도 이야기할 것이다. 그뿐만 아니라 성경적 세계관의 발전, 훈련의 적절한 초점, 교육의 결과를 결정하는 요인들이 얼마나 중요한지 함께 공부할 것이다.

이어지는 2부에서는 하나님이 다음세대를 교육할 책임을 누구에게 주셨는지 알기 위해 관련된 성경 말씀을 살펴볼 것이다. 또 가정과 교회와 학교의 주된 역할도 살펴볼 것이다. 각각의 교육 기관이 어떻게 성경적 교육과 연결되는지, 그 연관성도 검토해볼 것이다.

마지막으로, 모든 그리스도인 부모와 교회 리더 그리고 학교 교육자에게 다음세대를 올바르게 교육하기 위해 수행해야 하는 역할을 제시하며 격려할 것이다. 모든 믿음의 기성세대가 하나님의 말씀을 깊이 연구하고 성경의 가르침에 순종하기로 결단한다면, 성경을 바탕으로 다음세대를 교육할 수 있을 것이다. 그리고 이렇게 성경에 기반한 교육을 받은 다음세대도 이 세상 가운데 하나님나라를 확장하는 거룩한 사역에 기꺼이 동참할 수 있을 것이다.

여정을 시작하며, 이 책을 읽는 모든 독자가 마음과 생각을 여는 성령님의 이끄심에 순종하기를 기도한다. 그분이 우리를 진리 가운데로 인도하시기를, 우리가 하나님을 온전히 신뢰하며 그분이 말씀하시는 대로 살게 되기를 간구한다. 그럴 때 아이들을 하나님께 소망을 두고 그분의 명령을 따르는 사람으로 양육할 수 있다.

기독교 학교는 가정 밖에서
교사들이 아이들에게
성경적 세계관을 심어줄 유일한 장소다.[1]

_글렌 슐츠

2장. 하나님나라 교육이란?

하나님나라 교육(Kingdom Education)은 오늘날 기독교 안에서 생소한 용어일 것이다. 하나님나라 교육보다 기독교 교육(Christian Education)이 좀 더 일반적인 용어다. 그러나 기독교 교육은 교회 안에서 다양한 사람에 의해 협소한 의미로 정의되어왔다. 어떤 사람은 기독교 교육을 단지 주일학교에서 이루어지는 교육이라고 정의하고, 또 어떤 사람은 기독교 학교 교육을 가리킨다고 주장하며, 어떤 사람은 기독교 고등 교육을 의미한다고 말한다.

이처럼 기독교 교육에 대한 단편적인 이해 때문에, 생소한 용어인 하나님나라 교육에 대해 깊이 있게 생각해보고자 한다. 우선 '하나님나라'는 모든 그리스도인에게 중요한 신학적 개념이다. 우리는 종종 하나님나라가 어떻게 확장되는지를 듣는다. 목사님들은 교회에서 하나님나라의 사역에 열심히 동참하라고 권면한다. 또 하나님나라의 원리에 기초한 교회 성장이나 리더십을 주제로 한 책도 많이 출간되었다. 그렇다면 '하나님나라'의 진정한 의미는 무엇인가?

진 밈스(Gene Mims)는 그의 책 『그 나라는 당신의 것입니다』(*Thine Is the Kingdom*)에서 하나님나라를 다음과 같이 명확하게 정의한다. "하나님나라는 하나님이 예수 그리스도를 통해서 사람들의 삶을 주관하고 통치하시는 것이며, 사람을 통해서, 사람 가운데서 하나님의 역사가 증명되는 것이다."[2] 진 밈스의 정의는 하나님나라가 실재하는 나라임을 분명히 한다. 그런데 눈에 보이는 나라는 아니고 영적인 나라다. 그리고 영적으로 실재하는 하나님나라는 모든 그리스도인의 삶에 영향을 미쳐야 한다.

우리는 하나님이 그분의 나라에서 직접 일하신다는 사실을 항상 기억해야 한다. 우리가 하나님의 일하심을 볼 때 그분은 전 인류를 향한 그분의 계획과 목적에 동참하라고 우리를 부르신다. 많은 그리스도인의 책장에 꽂혀 있을, 헨리 블랙커비(Henry Blackaby)가 쓴 『하나님을 경험하는 삶』(*Experiencing God*)에 이런 하나님의 놀라운 부르심이 잘 표현되어 있다.[3]

가정과 교회 안에서 발생하는 어떤 문제든 하나님나라의 원리로 풀어가야 한다는 데 대부분의 그리스도인이 기꺼이 동의할 것이다. 그런데 많은 그리스도인이 상당히 오랫동안 가정과 교회 밖에서 자녀가 받는 교육에 대한 하나님의 원리를 간과하거나 잘못 이해했고, 어떤 경우에 완전히 거부하기도 했다.

바울은 골로새 교인들에게 보낸 편지에서 삶의 전 영역을 주관하고 다스리시는 하나님의 통치를 그들이 잘 알지 못한다고 경고한다.

누가 철학과 헛된 속임수로 너희를 사로잡을까 주의하라 이것은 사람의 전통과 세상의 초등학문을 따름이요 그리스도를 따름이 아니니라 (골 2:8).

이 경고는 예수님이 서기관과 바리새인에게 책망하신 내용과 같다. 서기관과 바리새인이 제자들이 한 일 때문에 예수님께 이의를 제기하자 예수님은 거짓 가르침(교육)의 위험성을 언급하시며 그들에게 이렇게 대답하셨다.

대답하여 이르시되 너희는 어찌하여 너희의 전통으로 하나님의 계명을 범하느냐(마 15:3).

서기관과 바리새인은 어떻게 부모를 공경해야 하는지 교육하고 있었다. 하지만 그들의 가르침은 하나님의 말씀이 아니라 오랫동안 지켜온 그들의 전통에 바탕을 두었다. 그래서 예수님은 서기관과 바리새인을 다음과 같이 책망하셨다.

그 부모를 공경할 것이 없다 하여 너희의 전통으로 하나님의 말씀을 폐하는도다 외식하는 자들아 이사야가 너희에 관하여 잘 예언하였도다 일렀으되 이 백성이 입술로는 나를 공경하되 마음은 내게서 멀도다 사람의 계명으로 교훈을 삼아 가르치니 나를 헛되이 경배하는도다 하였느니라(마 15:6-9).

이와 같은 현상이 오늘날 교회 공동체 안에서 나타나고 있다. 삶의 다른 어떤 영역보다 교육 분야가 인간의 전통에 기반을 두고 있다. 솔직히 현대의 교육 과정이 예수 그리스도에 기반을 두기보다는 전통과 세상의 근본 요인들 위에 세워졌음을 인정해야 할 것이다.

하나님나라 교육을 제대로 이해하지 못한 실패는 오늘날 가정과 교회에 돌이킬 수 없는 절망적인 결과를 안겨주었다. 성 스데반대학의 벨(Bell) 총장이 언급한 다음 내용을 깊이 생각해보자.

> 우리는 자신의 삶을 통제하거나 사회 발전에 협력하는 데 좀처럼 적합하지 않은 지성을 소유한 졸업생을 배출하고 있다. 그들은 세상의 풍속에 순응하며 의미 없는 것들을 찾아 헤매는 방랑자와 비슷하고, 너무 쉽게 허울만 좋은 군중 심리의 피해자가 되며 한탕주의를 추종하는 자들이 되어가고 있다. 졸업생들은 자신을 단지 주변 환경이 만든 피조물로 여기며 환경의 결과물이 되어버리는 경향이 있다. 그들은 진리, 선함, 아름다움에 거의 무관심하고 일정한 성취와 가치를 평가하는 데 필요한 적절한 최종 목표를 설정하지 못한다. 그로 인해 세상의 모든 것은 절대적인 관점이 배제된, 상대적인 것이 되고 만다. 그들에게 진리란 눈에 보이는 사실, 대중이 선호하는 것 또는 대중에게 편리하고 인기 있는 선, 그 이상이 아니다. 학교는 역경 속에서도 도전하고 성취를 이루는 다음세대가 아닌 정신적, 도덕적으로 의지가 박약한 세대만 배출하고 있다.[4]

그리스도인 대부분은 벨 총장의 글이 오늘날 청소년의 특징적인 문제를 잘 지적하고 있다는 말에 전적으로 동의할 것이다. 진화론과 실존주의 철학의 영향으로 우리 청소년들은 편리성, 대중성, 상대성의 가치에 따라 살아간다.

벨 총장의 글을 읽었을 때 그가 지적하는 청소년의 모습을 보고 내 마음이 무너져내렸다. 무엇보다 절망적이었던 점은 그가 글을 쓴 시기가 최근이 아닌 1927년이라는 점이다! 이는 미래에 일어날 사회 현상에 관한 벨 총장의 예측에 대다수가 관심을 기울이지 않았다는 뜻이기 때문이다.

X세대를 넘어 N세대(Generation of Network)로 불리는 오늘날의 청소년은 필사적으로 삶의 의미와 목적을 찾아다니는 방랑자와 같다. 이러한 청소년의 성향은 하룻밤 사이에 형성된 것이 아니다. 오랫동안 사회 문화적인 변화 속에서 형성되어왔다. 한 무명의 작가가 이런 사회 문화의 하락세를 파악하고 다음과 같이 기록했다.

1950년대 아이들은 순수함을 잃어버렸다
이 시기의 청소년은 고소득 직업과 비싼 차를 원하고, '세대 차이' 같은 용어가 생겨나게 한 노래를 즐겨 부르며, 부모의 권위에서 벗어나 자유를 추구했다.

1960년대 아이들은 존경할 권위를 잃어버렸다
1960년대는 저항의 10년이었다. 교회와 나라, 부모의 권위 등 권위가 있는 모든 것은 질문과 불만족의 대상이 되었다. 이러한 모든 권위가 거절

당하고, 어떤 권위도 그 자리를 채우지 못했다.

1970년대 아이들은 사랑을 잃어버렸다

1970년대는 '자기 자신'(Self)으로 시작하는 단어인 '자아상'(Self-image), '자존감'(Self-esteem), '자기주장'(Self-assertion)이 만연한 '자기중심적'(Me-ism) 시대였다. 이 때문에 세상은 외로움의 장소가 되어버렸다. 아이들은 성(Sex)과 관련한 모든 것을 배웠지만, 사랑(Love)에 대한 모든 것은 잊어버렸다. 그리고 이 두 단어의 차이점을 말할 만큼 용기를 가진 사람도 없었다.

1980년대 아이들은 희망을 잃어버렸다

순수와 권위와 사랑을 빼앗기고, 핵무기의 악몽과 같은 공포로 전염된 시대 속에서 아이들은 미래에 대한 믿음을 중단해버렸다.[5]

1990년대가 끝나기 바로 2년 전에 이 책의 초판이 나왔다. 나는 1990년대가 우리 아이들이 삶의 목적을 크게 상실하게 되는 또 다른 10년이 되지 않기를 바랐다. 그러나 지금 다시 90년대를 회고하면 변함없이 엄청난 상실로 고통받은 시기였음을 인정해야 한다. 나는 다음과 같이 1990년대를 정의한다.

1990년대 아이들은 진리의 의미를 잃어버렸다

1990년대는 국가 지도자들이 진리를 단지 명확하게 합법적인 것으로만 다시 정의를 내린 10년이었다. 대중의 여론이 도덕적 진리를 규정할 때, 교회는 이 새로운 진리에 관해 침묵하고 그저 지켜보기만 했다.

진리에 대한 의미 변화는 단기간이 아닌 오랜 시간에 걸쳐 일어났다. 근본적으로 (교육) 철학에 따라 지속적이고 의도적인 과정을 거치며 그런 변화가 일어났다. 한때 사람들은 진리를 객관적이고 절대적인 것으로 믿었다. 시간과 환경, 인종과 상관없이 진리로 믿었던 것이 존재했다. 그리고 교육의 목적은 학생들에게 불변의 진리를 발견하도록 가르쳐, 윤리적이고 올바른 삶을 사는 법을 알게 하는 것이었다.

하지만 계몽주의 철학의 출현으로 진리는 절대적인 개념에서 상대적인 개념으로 변화했다. 이러한 철학 사조의 영향을 받아 교육의 목적까지 달라졌다. 교육의 목적은 변화하는 환경에 적용 가능한 진리를 선택하는 과정을 습득하게 하는 것이 되었다.

1972년 사이먼(Simon), 하우(Howe), 커셴바움(Kirschenbaum)은 『가치 명료화』(*Values Clarification*)라는 매우 유명한 책을 출판했다. 그들은 이 책의 목적을 다음과 같이 명확히 밝혔다.

학생과 교사가 적극적으로 가치를 체계화하고 평가할 수 있도록 설계된 이 책은 특정한 일련 가치, 교훈 또는 도덕적 기준을 전달하지 않는다. 이 책의 목적은 학생들이 실질적으로 경험[예: 생존 보트 게임(lifeboat game)]에 참여하여 자신의 선택과 결정을 인식하고 숙고하게 하는 것이다. 그 결과로 **자신의** 가치 체계에 근거해 **자신의** 감정과 생각과 신념을

표현하도록 인도하는 것이다(굵은 글씨 저자 강조).[6]

이와 같은 교육 이론을 설계한 주요 인물 중 하나인 시드니 사이먼(Sidney Simon)은 고등학생을 가르친 자신의 교육에 대해 다음과 같이 평가한다. "나는 가치 체계를 몰래 팔았다. 초등학교에서 사회를 가르치면서 '가치 명료화'의 과정을 학생들에게 몰래 판 것이다. 교육의 최근 경향을 설명하면서 나의 개인적 교육 철학을 끼워 넣었다."[7] 사이먼은 계속해서 "이 사실을 알지 못하도록 조용히 하라. 그렇지 않으면 부모들이 정말로 분노할 것이다"[8]라고 덧붙였다.

상대적 진리의 개념은 결국 학교에서 사용되는 교과서 대다수에 스며들었다. 한 사회 교과서는 다음과 같은 내용을 담고 있다.

거의 모든 도덕은 특정 상황에 적용되는 예외를 포함한다. 즉 어떤 상황에서 맞지 않는 것이 다른 상황에서는 적절할 수 있다. 아이들은 대부분 거짓말이 잘못된 것이라고 배운다. 그러나 나중에 특정 상황에서 거짓말하지 않는 것이, 실제로 잘못된 것은 아니지만, 융통성 없는 행위가 될 수도 있음을 깨달을 것이다.[9]

포스트모더니즘 철학이 오늘날 문화를 지배한다. 포스트모더니즘은 절대적 진리가 존재하지 않는다고 주장한다. 그러므로 교육은 학생들이 개인적인 가치 체계에 따라 자신의 진리를 결정하도록 인도하는 것을 목적으로 한다. 진리는 기존 문화의 사회적 산물이다. 즉 진리는 대중이 사용하는 특정한 문화적 언어로 진술될 수밖에 없다. 버지니아대학 인문학 교수인 리처드 로티(Richard Rorty)는 문화를 초월하는 진리는 존재하지 않는다고 주장했다. 그 이유는 다음과 같다. "명제를 만들 수 없는 곳에 진리는 없다. 언어와 명제는 인간이 창조해내는 것이기 때문이다."[10]

진리는 개인이 창조하는 것이기 때문에 모든 진리는 동일하게 가치 있는 것으로 인정되어야 한다. 이처럼 포스트모더니즘의 사고방식에 따르면 절대적이고 유일한 진리는 없고, 다양한 진리가 존재할 뿐이다. 보편적 원리는 없고 단지 개인이 선호하는 개별적인 원리만 존재할 뿐이라는 것이다. 이러한 관점은 조지프슨 윤리연구소(Josephson Institution of Ethics)에서 발표한 기사에 분명하게 나타난다.

> 정직과 진실을 위선과 부패보다 강조해야 하지만, 또한 특정한 종교, 정치 철학 또는 성적인 선호가 보편적으로 가장 우위에 놓여야 한다고 주장할 수 없다. 실제로 모든 사람을 존중해야 한다는 도덕적 핵심 가치를 지속하기 위해 개인의 선택과 도덕적 판단에 가장 광범위한 가능성을 열어두는 것이 무엇보다도 중요하다.[11]

진리가 절대적 의미를 상실한 것은 교회 공동체에 엄청난 영향을 미쳤다. 오스 기니스(Os Guinness)는 "우리는 진리를 알고, 가끔 하나님을 깊게 경험한다. 하지만 우리는 더 이상 진리를 따르지 않는다"[12]라고 말했다.

진리가 절대적 의미를 상실한 것은 우리 아이들이 경험하고 있는 가장 절망적인 상실일 것이다. 그러나 나는 우리 아이들이 삶 속에서 그 진리의 의미를 다시금 찾을 수 있으리라는 확신과 희망을 품고 있다. 하지만 그리스도인들이 하나님나라 교육이 추구하는 교육 원리를 배우고 이해하며 실천하는 일에 헌신할 때 비로소 그 희망이 이루어질 것이다.

하나님나라 교육을 설명하기 위해 그 정의와 모델을 연구하고 보강해가면서 하나님 말씀을 주의 깊게 살펴보았다. 하나님나라 교육과 관련한 하나님의 의도가 신명기, 시편, 잠언, 복음서, 에베소서에 나와 있었다. 나는 하나님이 말씀으로 다음세대의 교육을 강조하셨다는 사실에 놀랐다.

신명기 6장과 시편 78편은 반드시 주목해야 하는 말씀이다. 이 말씀은 교육에 관한 하나님의 계획(마음)에 대한 놀라운 통찰력을 제공한다. 신명기에서 우리는 약속의 땅에 들어가기 전 백성을 가르치고 준비시키시는 하나님을 볼 수 있다. 이 말씀에 하나님나라 안에서 자녀가 오래도록 풍성한 삶을 살 수 있는 길을 제시하는 최초의 교육 내용이 담겨 있다.

신명기 6장에서 하나님은 이스라엘 백성이 진정한 성공을 이루길 원하셨고, 그것을 위해 집중해야 할 두 가지를 말씀하셨다. 첫째, 하나님을 바라보는 일에 집중하라고 하신다. "이스라엘아 들으라 우리 하나님 여호와는 오직 유일한 여호와이시니 너는 마음을 다하고 뜻을 다하고 힘을 다하여 네 하나님 여호와를 사랑하라"(신 6:4-5). 이 말씀은 오늘날 신자들에게도 똑같이 중요하다. 우리는 전인격으로 하나님을 사랑하라고 요구하시는 그분께 다시 돌아가 집중해야 한다. 하나님은 자신의 백성이 그분만을 바라보는 모습으로 돌아오기를 바라신다.

둘째, 하나님은 이스라엘 백성에게 다음세대에게 집중하라고 요구하신다.

네 자녀에게 부지런히 가르치며 집에 앉았을 때에든지 길을 갈 때에든지 누워 있을 때에든지 일어날 때에든지 이 말씀을 강론할 것이며 너는 또 그것을 네 손목에 매어 기호를 삼으며 네 미간에 붙여 표로 삼고 또 네 집 문설주와 바깥문에 기록할지니라(신 6:7-9).

이러한 교훈은 시편 78편 1-7절에서 다시 강조된다.

하나님이 우리 자녀의 교육에 관심이 있으시다는 사실은 의심할 여지가 없다. 그분은 부모의 삶에 가장 중요한 두 가지를 명확히 말씀하신다. 첫째는 마음을 다해 하나님을 사랑하는 것이고, 둘째는 자녀에게 하나님을 사랑하는 그 동일한 삶의 길을 가르치는 것이다. 주인 되시는 하나님과 사랑의 관계를 경험하고 나서, 그 사랑을 다음세대의 마음과 생각에 심는 일에 온 힘을 기울여야 한다.

신명기 말씀을 기반으로 하여 나는 하나님나라 교육을 다음과 같이 정의했다.

다음세대를 그리스도께로 인도하고, 그리스도 안에서 세워가며,

그리스도를 섬기도록 준비시키는
성경을 기반으로 평생 이루어지는 그리스도 중심의 교육 과정이다.

이 간략한 정의에는 하나님의 관점에 근거한 진정한 교육의 기초를 보여주는 몇 가지 중요한 실천적 의미가 담겨 있다.

첫째, 하나님나라 교육이 평생 이루어져야 할 과정이라는 것이다. 주일 오전 9시쯤 시작하여 대략 11시에 끝나는 주일학교의 교육 과정과는 다르다. 또 이것은 매일 아침 8시에 시작해서 오후 4시쯤에 끝나는 주중 교육도 아니다. 하나님나라 교육은 출생과 함께 시작되고, 성숙한 그리스도인으로 성장할 때까지 하루 24시간, 일주일, 1년 52주 내내 지속되는 교육 과정을 의미한다. 심지어 한 사람이 성숙한 성인이 될 때까지 지속되며, 하나님의 자녀가 더욱더 그리스도의 형상을 닮아가는 과정을 포함한다.

둘째, 하나님나라 교육은 하나님의 말씀이 진리의 근본임을 인정하는 교육 과정이다. 그러므로 하나님나라 교육은 성경에 기반을 두어야 한다. 하나님 말씀은 오류가 없고, 실수나 흠도 없다. 교육이 이와 같은 성경적 바탕 위에 세워질 때, 그것은 사회에서 일어나는 변화의 바람과는 상관없이 흔들리지 않는다. 찰스 스펄전(Charles Spurgeon), 마르틴 루터(Martin Luther), 찰스 스윈돌(Charles Swindoll)이 한 말을 살펴보면서 교육에서 하나님 말씀의 중요성을 깊이 생각해보자.

"(하나님이 주신) 삶에 관한 유일하고 신성한 규범을 어린아이들에게서 빼앗아보라. 그러면 그 결과는 더할 수 없이 비참할 것이다. 세속의 교육은 하나님을 거부하는 회의론자를 시중드는 하녀와 같이 된다."[13]—스펄전

"나는 누구도 자녀를 성경 말씀이 최고의 권위로 인정되지 않는 곳에 보내지 말라고 충고한다. 끊임없이 하나님의 말씀을 연구하지 않는 기관은 어느 곳이나 필연적으로 타락할 수밖에 없다."[14]—루터

"성경은 권위 그 자체다. 성경은 우리의 근심, 걱정, 슬픔, 비극, 고뇌 그리고 당황스러운 일에 대한 최종적인 안식처다. 성경은 우리의 의문과 탐구의 궁극적인 해답이다. 성경으로 다시 돌아가면, 성경은 이 세상이 절대 줄 수 없는 무언가를 제공할 것이다."[15]—스윈돌

마지막으로 하나님나라 교육은 그리스도가 중심이 되는 교육 과정이어야만 한다. 골로새서 2장 3절은 그리스도 안에 "지혜와 지식의 모든 보화가 감추어져 있[다]"고 말한다. 이 세상의 모든 것은 그리스도로 말미암아 그리고 그리스도를 위해 창조되었다(골 1:16). 그리스도의 탁월함은 진정한 교육의 모든 영역에 연결되어 있어야 한다. 예수님 자신도 교육자들에게 강력한 경고를 하셨다. "화 있을진저 너희 율법교사여 너희가 지식의 열쇠를 가져가서 너희도 들어가지 않고 또 들어가고자 하는 자도 막았느니라 하시니라"(눅 11:52). 그리스도는 모든 지혜와 지식의 근원이신 유일한 분이기 때문에 우리 자녀를 교육하는 모든 영역에서 그분을 최우선으로 삼아야 한다. 만약 우리 자녀가 받는 교육에서 예수 그리스도가 배제되었다면, 자녀는 그리스도가 주시는 안식에 들어갈 수 없을 것이다. 이렇게 불행한 일이 일어난다면, 하

나님의 계획에 따라 자녀를 교육하고 있다고 주장할 수 있겠는가?

앞에서 하나님나라 교육을 정의하는 과정을 통해 우리는 두 가지 핵심적인 실천적 원리와 하나의 중요한 목적을 명확하게 알 수 있었다. 첫 번째로 하나님나라 교육은 한 명의 자녀를 그리스도에게로 인도하도록 설계된 하나의 교육 과정이다. 복음은 한 아이를 위한 교육의 모든 영역에서 중심이 돼야 한다. 한 자녀가 수준 높은 교육을 받고서도 예수 그리스도를 개인적인 구원자로 영접하지 못한다면 무슨 유익이 있겠는가? 또 다른 중요한 요소는 하나님나라 교육을 하려면, 복음을 알고 제시할 수 있으며 거듭남을 경험한 헌신하는 교사가 필요하다는 것이다. 오직 하나님이 주신 거듭남의 선물을 경험한 교사만이 복음의 진정한 내용을 나눌 수 있다.

두 번째로 하나님나라 교육은 한 개인이 그리스도께 나아갈 때까지 절대 멈추지 않는다는 것이다. 자녀가 구원을 받은 다음에는, 그리스도 안에서 세워가는 일도 꼭 필요하다. 사도 바울은 골로새서 2장 7절에서 "그 안에 뿌리를 박으며 세움을 받아 교훈을 받은 대로 믿음에 굳게 서서"라고 강조하며 지속적인 양육의 원리를 언급했다. 바로 다음 구절에서, 바울은 그리스도 예수의 원리가 아닌 세상의 전통에 기반을 둔 철학과 거짓된 가르침에 사로잡히지 않도록 주의하라고 경고한다.

한 자녀가 그리스도 안에서 깊이 뿌리내리도록 돕기 위해서 우리는 다음의 몇 가지를 명심해야 한다. 첫째, 우리는 각 자녀가 하나님이 창조하신 고유한 창조물이라는 사실을 인정해야 한다. 시편 139편은 창조주이신 하나님이 각 사람을 독특하게 만드셨다는 사실을 알려주는 놀라운 구절이다. 이 말씀은 모든 자녀가 특별한 은사와 재능을 선천적으로 가지고 태어났다는 사실을 알려준다. 참된 교육은 하나님이 주신 은사와 재능을 인정하고, 자녀가 자신의 독특한 은사와 재능을 발견하도록 교육 과정을 구성하는 것이다.

세 자녀를 둔 아버지로서 나도 하나님이 아이들에게 특별한 재능을 주셨다는 점을 일찍이 깨달았다. 첫째 아이는 분석적인 성품을 타고났다. 둘째는 의지가 강하며 창조적이고, 셋째는 사교성이 뛰어나다. 우리 아이들은 자신만의 학습 방식을 따라 무언가를 배운다. 오늘날 효과적인 교육을 하기 위해서는 학습 방식이 아주 중요하다. 요즘 학습 방식에 관한 유용한 자료가 많고, 여기에 교사와 부모가 쉽게 접근할 수 있기 때문에, 그리스도 안에서 아이들을 세워가는 일에 큰 도움을 받을 수 있다.

마지막으로 하나님나라 교육의 궁극적인 목적을 살펴보고자 한다. 로마서 8장 29절은 하나님이 모든 믿음의 사람을 그분의 아들 예수 그리스도의 형상을 닮아가도록 미리 계획하신 것을 명확히 드러낸다. 또한 바울은 다른 사람을 교육할 때 올바른 목적을 설정하는 것이 중요하다고 강조했다. 그는 "우리가 그를 전파하여 각 사람을 권하고 모든 지혜로 각 사람을 가르침은 각 사람을 그리스도 안에서 완전한 자로 세우려 함이니"(골 1:28)라고 기록했다. 하나님나라 교육 과정에 따라 양육하면 우리의 자녀는 더욱 예수 그리스도를 닮아가는 삶을 살 것이다. 결국 마지막 날에 우리가 그리스도를 닮게 된다고 해도, 하나님나라 교육의 목적은 지금 이 세상에서 믿는 자들을 하나님 나라의 사역을 위해 그리스도를 섬기도록 준비시키는 것이다.

우드로 크롤(Woodrow Kroll) 박사가 쓴 『사라져가는 사역』(The Vanishing Ministry)이라는 책은 전임 사역자로 헌신하라는 하나님의 부르심에 더 많은 믿음의 사람이 응답해야 할 필요성을 지적했다. 그는 청소년이 삶의 전 영역에서 세계 복음화에 헌신할 수 있도록 그리스도를 닮은 인격체로 자라나게 하는 것보다 단지 편안한 생활을 보장하는 직업을 얻도록 돕는 교육에 더 집중된 현실을 안타까워했다.[16]

하나님나라 교육이 주는 긴장감

하나님나라 교육의 원리들 사이에는 피할 수 없는 긴장이 존재한다. 어떤 이들은 교육이 오직 영원의 시간적 관점으로 영적인 삶에만 초점을 맞추어야 한다고 주장한다. 다른 이들은 전 지성(all of our mind, 知性)으로 하나님을 사랑하라는 말씀에 주목하면서, 교육은 지적 영역에만 집중하고 교육의 영적 영역은 가정이나 교회에 남겨두라고 주장한다. 그리스도인들이 이와 같이 두 극단에 서 있는 교육적 견해(기독교 교육은 영적인 삶을 다루기 때문에 학문적 영역은 기독교 교육의 영역이 아니라는 주장과 영적 삶은 교회와 가정의 영역이기 때문에 학교 교육은 지적 영역만 다루어야 한다는 주장—역주)를 충분히 이해하고 적절한 균형을 유지하는 것이 중요하다.

모든 자녀는 두 가지 삶의 목적을 가지고 태어나며, 그것은 하나님이 각 자녀에게 부여하신 것이다. 첫 번째 목적은 본질적이고 영원한 것이다. 예수 그리스도를 구원자로 받아들임으로써 하나님을 개인적으로 알 수 있도록 모든 자녀가 창조되었다는 것이다.

그런데 하나님은 모든 사람에게 일시적인 부르심도 주신다. 일단 한 아이가 그리스도를 구원자로 영접하면, 그를 뛰어난 지성을 갖춘 사람으로 키워 이 세상에서 올바르게 그리스도를 섬기는 사람으로 세우는 것이 하나님의 계획이다. 즉 우리 자녀의 삶을 위한 두 가지 목적 사이에 적절한 균형이 있어야 함을 의미한다.

다음 두 인용구는 하나님나라 교육 안에서 발생하는 그 긴장을 잘 보여준다. 오스왈드 챔버스(Oswald Chambers)는 학생 그룹과 대화하면서 하나님의 영원한 부르심에 대해 다음과 같이 요약했다. "1년에 단 한 명의 학생이라도 하나님의 부르심에 응답한다면, 그분께 이곳(기독교 학교)이 존재할 충분한 이유가 된다. 학교가 학문 추구만 하는 단체로 존재하는 것은 아무런 가치가 없다. 학교는 단지 하나님이 마음껏 그분의 뜻에 따라 인생들을 사용하시는 장소일 뿐이다. 하나님이 그분의 의도에 따라 마음껏 우리를 사용하실 수 있도록 순종할 것인가? 아니면 우리가 바라는 모습에 우리 자신을 맞출 것인가?"[17] 이 질문은 모든 부모에게 상당한 도전일 것이다. 우리가 자녀를 교육할 때 하나님이 자녀의 삶을 마음껏 쓰시도록 기꺼이 드릴 수 있는가? 아니면 우리가 원하는 자녀의 모습에 사로잡힐 것인가? 부모 자신의 욕망에 따라 교육할 것인가?

남침례 신학대학교 총장인 앨버트 몰러(Albert Mohler)는 자녀를 향한 하나님의 부르심에 대한 또 다른 측면을 이렇게 정리했다. "기독교 학교는 교회를 화려하게 돋보이게 하는 부수적 교육 기관이 아니다. 기독교 학교는 현 사회에서 일어나는 지적 전쟁에서 싸울 준비가 된 또 다른 형식의 교회가 되어야 한다."[18]

하나님의 자녀는 두려움으로 물러서지 않고 치열한 지성적 전쟁터인 이 세상으로 들어가, 그리스도의 영광을 위해 당당히 일어나 싸울 준비가 되어 있어야 한다. 그들의 마음뿐만 아니라 지성까지 예리하게 연마해야 한다. 한 번 더 몰러의 말을 주의 깊게 다시 생각한다면, 어떤 교육 과정보다 바로 하나님나라 교육이 우리 자녀를 준비시키는 더 효과적인 것이라는 사실을 알 수 있다. 하나님나라 교육은 한 아이의 삶의 전 영역을 아우른다. 다음 표 2.1은 하나님나라 교육을 글로 설명하는 것보다 더 효과적으로 보여준다. 이 그림은 다음세대를 교육하는 하나님의 계획이 교육 장소와 상관없이 교육하는 모든 과정에 걸쳐 이루어짐을 나타낸다.

이 교육 모델은 하나님나라 교육의 근본적인 기초가 예수 그리스도이심을 보여준다. 바울은 고린도전서 3장 11절에서 그의 사역이 예수 그리스도의 터 위에 세워졌고, 다른 터 위에 세워지지 않았다고 강조한다. 이 모델의 두 번째 기초는 성경적 교육 철학으로서의 하나님 말씀이다. 성경은 '두 번째' 나머지 부분의 틀에 구체적으로 필요한 세부 원리를 제공한다. 또한 성경은 모든 교과 과목이 기반을 두어야 하는 진리의 기초가 된다. 참된 교육은 이 두 가지 기초인 머릿돌(예수 그

하나님나라						
부모의 역할	홈스쿨	주일학교	제자화	유치원	초중고	고등학교 졸업 이후
가정		교회		학교		
제자화						
복음 전도						
성경적 교육 철학						
예수 그리스도						
교육						

〈표 2.1〉 하나님나라 교육을 위한 모델

리스도와 하나님 말씀) 없이는 제대로 세워질 수도, 변함없이 올바르게 작동할 수도 없다.

이 모델의 다음 부분에서는 하나님나라 교육을 구성하는 두 가지 기능을 보여준다. 첫 번째 기능은 하나님나라 교육을 정의할 때 언급한 것처럼 자녀를 그리스도에게로 인도한다는 의미에서 복음 전파다. 복음 전파는 마태복음 28장 19-20절에서 우리에게 주어진 그리스도의 지상대명령을 성취하기 위한 첫 번째 행동이다.

두 번째 기능은 그리스도 안에서 각 개인을 세우는 과정인 제자훈련이다. 제자훈련도 지상대명령에 담겨 있다. 예수님은 제자들에게 그리스도께 나아오는 자들에게 그분이 명하신 모든 것을 가르쳐 지키게 하여 그들을 제자 삼으라고 말씀하셨다.

하나님나라 교육 모델의 첫 네 가지 영역은 본질적인 것이고, 그다음 부분들은 이 책을 쓴 숨겨진 이유다. 교육에 대한 하나님의 계획이 완전히 효과적으로 실현되려면, 이 네 가지 본질적 요소가 자녀의 전체 교육 과정을 단단히 뒷받침해주어야 한다. 위의 네 요소는 평생교육의 장소가 되는 가정과 교회와 학교에 분명히 존재해야 한다.

만약 한 국가의 교육 체계가 참된 기준을 결정하고 올바른 목표를 설정하며 실천 방향을 세우려 한다면, 모든 교육 정책과 교실에서 실행되는 교육 활동을 일관성 있게 지탱하는 세계관이 필수적이다. 포괄적이고 현실적인 기독교 세계관만이 그 세계관이 될 수 있다.[19]

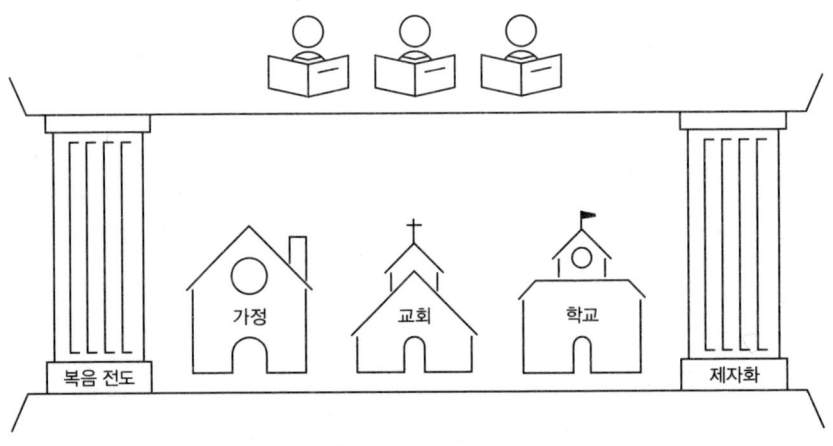

〈그림 2.2〉 기독교 교육으로 굳건한 토대 형성하기

하나님나라 교육 원리가 전체 교육 과정을 이끌어야 한다. 우리 자녀는 교육의 실천이 일어나는 장소와는 상관없이, 항구적인 기반이 필요하다. 하나님나라 교육이 자녀 한 명 한 명의 삶에 이루어질 때 가정과 교회, 학교가 그 항구적인 기반을 제공하는 장소가 되어야 한다(그림 2.2 참고). 그 교육의 결과로 다음세대가 하나님의 계획 안에서 삶의 의미와 목적을 스스로 발견하고, 진정한 삶의 의미와 목적을 세우게 될 것이다. 그리고 다시 한번 더 소망을 품게 될 것이다.

토론을 위한 질문

1. 자녀를 교육할 때 성경의 원리를 따르고 있는가? 아니면 세상의 전통을 따르는가? 자녀가 가정과 교회, 학교에서 받고 있는 교육과 연관해서 생각해보라.

2. 절대적인 진리를 거부하는 포스트모던의 가르침이 우리의 삶과 자녀의 삶에 어떤 영향을 주는지 생각해보라.

3. 하나님나라 교육의 정의에 관해 함께 토론해보라. 자녀 교육이 하나님 말씀의 진리에 기반하고 있는가? 그리고 그리스도가 지식의 핵심이자 교육 과정의 중심이 되시는가? 당신이 자녀에 대해 세운 궁극적 목표는 무엇인가? 그리고 그것을 지금 자녀를 교육하는 방식에 어떻게 적용하고 있는가?

4. 가정, 교회 그리고 학교에서 실행하는 교육의 확고하고 변함없는 기반이 무엇인가 생각해보라.

우리는 진리의 편에 서는 데 실패했고,
지적이며 일관성 있는 세계관을
명확하게 표현하고 변증하며 발전시키는 데도 실패했다.[1]
_찰스 콜슨

3장.　　　　　　　　　　하나님나라 교육의 궁극적 결과

이 장에서는 교육을 통해 한 사람이 성취할 수 있는 교육적 결과를 살펴볼 것이다. 지난 몇 년 동안 교육의 결과를 많이 강조하는 현상이 있었다. '성과 중심의 교육'(Outcome-based education)이라는 용어가 교육 현장에서 자주 통용되었다. 이런 결과 중심의 교육에 격렬한 비판도 하지만, 많은 사람이 그 노력에 찬사를 보낸다. 성과 중심의 교육을 두고 벌어지는 논쟁은 절대 새로운 것이 아니다. 미국 공립학교의 아버지인 호러스 맨(Horace Mann)은 다음과 같이 예측했다.

만약 미국의 납세자들이 미국에 있는 모든 어린이의 교육을 위해 재정적으로 지원할 수 있다면, 단기간에 공립학교 교육의 효과로 미국의 모든 구치소와 감옥은 텅 비게 될 것이다…(그러므로) 가정과 교회는 신앙과 가치를 가르치고, 학교는 지식과 사실을 가르치게 하라.[2]

1644년에 존 밀턴(John Milton)은 이 글과 뚜렷한 대조를 보이는 글을 썼는데, 거기에서 다음과 같이 교육의 결과에 대한 다른 관점을 제시했다.

> 그러면 배움의 종착점은 하나님을 다시금 올바르게 알고, 그 앎을 통해서 전심으로 하나님을 사랑하고, 그분을 닮아감으로써 첫 조상인 아담과 하와 때문에 생긴 비참함을 회복하는 것이다.[3]

사실 모든 교육은 어떠한 형태든지 일련의 결과를 우리 자녀의 삶 속에서 이루어내는 것을 목표로 한다. 밀턴은 참된 교육이 지향해야 할 올바른 결과를 잘 붙들었다.

교육의 결과와 목표는 언제나 중요하게 여겨졌고, 어떤 교육 과정에든 계속 영향을 줄 것이다. 하지만 교육이 개인의 삶에 무엇을 할 수 있을지 또는 할 수 없을지를 인식하는 것이 더욱 중요하다. 앞에서 다룬 것처럼, 우리는 교육으로만 한 개인을 포함해 사회 전체를 완벽하게 변화시킬 수 없다는 사실을 절대 잊어서는 안 된다. 오직 하나님만이 한 사람의 인생을 바꾸시며, 결국 사회를 변화로 인도하신다. 『교육을 향한 두 갈림길』(Which Way to Educate)이라는 책에서 필립 메이(Philip May)는 교육의 결과에 관한 흥미로운 관찰 내용을 언급한다.

> 대다수 사람이 믿어왔던 것처럼 교육은 인간을 구원하는 원천이 아니다. 왜냐하면 교육이 아무리 완벽하게 설계되었다고 해도 한 사람이 하나님의 법을 거역하는 것을 막을 수 없고, 죄에서 벗어나도록 그 사람을

인도할 수 없기 때문이다. 교육에는 삶의 매 순간, 자녀가 올바른 길을 선택하고 그릇된 길을 거부하도록 강제할 힘이 없다. 좋은 교육을 받는다고 해도, 충분히 마음속 욕망에 따라 자신의 권리와 의무를 습관적으로 거스를 수 있고, 그는 그에 따른 즉각적, 장기적 결과를 감당해야만 한다. 사람은 죄인이기 때문이다.[4]

부모는 자녀가 인생에서 성공하는 것을 바라보기를 원한다. 그래서 더 좋은 교육이 자녀에게 특별한 결과를 보장해주기를 소망한다. 하지만 우리가 자녀의 교육을 위해 열심히 일하고, 그들에게 최고의 교육을 제공하려고 노력한다고 해도, 불행히도 교육이 우리가 성취되기를 바라는 모든 결과를 보장해주지는 않는다. 보통 자녀가 성취하길 바라는 결과에는 뛰어난 학업 성적, 탁월한 운동 능력, 예술적 재능 등이 있다.

어떤 자녀는 특정 분야에서 어느 정도의 성과를 이룰 수 있다. 그러나 특정 분야에서 자녀가 실질적인 성과를 이루는 데 좋은 교육이 필수 조건이 아닐 수도 있다. 교육은 자녀가 윤리적으로 성숙할 수 있도록 보장해주지는 못한다.

만약 지금까지 교육에 관한 주장이 사실이라면, 교육으로 보장할 수 있는 결과에는 어떤 것이 있을까? 나는 이와 같은 보장이 존재한다고 믿는다. 모든 어린아이가 교육을 받고 성인이 되었을 때 그 교육을 바탕으로 세계관을 형성하게 될 것이다. 세계관은 다른 말로, 삶의 철학이라고 할 수 있다. 세계관은 "삶에 대한 태도와 행동을 선택하는 기준이 되는 근본적인 신념 체계"⁵로 정의할 수 있다. 사람은 모두 삶의 태도나 행동 양식을 결정하는 원동력이 되는 자신만의 신념 체계를 세운다.

그리스도인이 다루어야 하는 중요한 쟁점 중 하나는 우리 자녀의 마음과 지성에 성경적 세계관을 정립시켜주어야 할 필요성이다.

사람은 자신의 존재 목적을 인식하지 않고는 절대 번영할 수 없다. 신념과 행동을 결정하고, 가치관과 윤리적 관점을 형성시키는 하나의 포괄적인 틀을 통해 삶 주변의 사건들, 사람 그리고 세계에 대한 보편적 판단을 내리기 위해, '기준점'(reference points)이 필요하다.⁶

패트릭 몰리(Patrick Morley)는 『삶의 받침대』(The Rest of Your Life)라는 책에서 일상생활 속에서 세계관의 중요한 역할을 강조했다.

모든 사람은 인생관의 기준을 따라 살아간다. 이 기준은 기독교적이거나 인본주의적이거나 혼합된 관점일 수 있다. 어떤 사람은 신중하게 자신의 인생관을 형성해간다. 하지만 어떤 사람은 대중이 선호하는 문화의 부산물인 특정 가치관을 쉽게 받아들인다. 하나님의 말씀 위에 견고하게 서지 못한 몇몇 그리스도인은 현시대에 유행하는 사고방식의 큰 물결에 밀려, 자신의 중요한 선택이 그 물결과 함께 떠내려가는 것을 조바심을 내며 그저 바라만 본다.⁷

오늘날 어디서나 '성과 중심의 교육'에 관련된 많은 논쟁을 듣는다. 물론, 공교육에서는 이런 성과 중심의 교육을 삶의 중요한 가치를 형성하도록 돕는 하나의 도구로 인정한다. 결과를 중시하는 공교육 과정을 거치고 나서 형성된 가치들은 대개 허용주의, 상대주의 그리고 주관주의의 핵심 요소가 된다. 비록 그리스도인이 성과 중심적 교육은 반대하더라도, 여전히 자녀가 양질의 교육을 받도록 애쓰며, 성공적인 삶에 도움이 되는 교육적 결과를 열망한다는 사실은 인정해야 할 것이다. 다음은 하나님나라 교육의 관점에서 다음세대에게 기대해야 하는 교육 결과다.

- 예수 그리스도를 구원자로 아는 것
- 끊임없이 그리스도의 형상을 닮아가는 것
- 매일 삶에서 그리스도를 섬기도록 충분히 준비되는 것

교육은 언제나 개인과 사회 공동체의 신념 체계와 세계관을 형성하는 데 주요한 역할을 해왔다. 다니엘 1장 5절에서 바벨론 왕 느부갓네살이 다니엘과 그의 친구들을 자신의 왕국에 쓸모 있는 인재로 교육하기 위해 3년간 행했던 훈련 프로그램에 주목해보자. 이 구절을 다룬 한 주석서에서는 느부갓네살 왕의 계획이 "다니엘과 그의 친구들의 마음에서 과거 유대 신앙에 대한 기억을 완전히 지워버리기 위해 그가 얼마나 철저하게 행했는지 보여준다"[8]라고 설명했다.

인류 역사를 살펴보면, 국가의 정부와 개인들은 그들의 사회 공

동체에 특정한 세계관을 주입하고자 교육을 사용해왔다. 히틀러는 독일 어린이들에게 나치의 신념에 어울리는 삶의 철학을 교육했다. 구소련 연방은 고도로 조작된 교육 프로그램으로 어린이들의 마음에 공산주의 세계관을 서서히 주입했다. 교사들이 공립학교에서 수업을 하려면 반드시 무신론과 관련한 두 과목과 다윈의 진화론에 관한 한 가지 과목을 이수해야 했다. 이 필수 교육 정책 때문에 교사들의 무신론적 세계관이 발전했고, 결국 교사들은 자신의 세계관을 학생들에게 주입시키게 되었다.

쿠바에서도 비슷한 일이 벌어졌다. 2001년 11월 23일자 "브레이크 포인트"(BreakPoint)라는 논설 시리즈에서 찰스 콜슨은 피델 카스트로가 공산주의 세계관을 쿠바 어린이들의 가치관에 심기 위해 총체적인 노력을 기울이고 있다고 보도했다. 콜슨은 "카스트로 정권이 지속적으로 유지되려면 공산주의의 햇불을 다음세대에게 전달해야 한다는 것을 알고 있다. 만약 카스트로가 쿠바의 어린이들에게 공산주의 세계관을 가르치지 못한다면 혁명은 결국 실패할 것이기 때문이다"[9]라고 생생히 기록했다.

그리스도인 부모와 교회 지도자 그리고 교육자는 다음세대 교육에서 세계관 형성이 얼마나 중요한지 이해해야 한다. 자녀를 어떻게 교육할지 결정할 때, "우리의 선택이 분명한 결과를 낸다는 사실을 알아야 한다. 하지만 사고와 삶의 방식에 심각한 문제가 생기기 전에는 절대 그 결과가 쉽게 드러나지는 않는다."[10]

성경적인 세계관을 형성하기 위해 선행되어야 할 첫 단계는 개인의 삶에 기초가 되는 다양한 세계관을 이해하는 것이다. 데이비드 노블(David Noebel)은 올바른 세계관의 중요성을 알리기 위한 목적으로 '서밋 미니스트리'(The Summit Ministries)를 설립했다. 『충돌하는 세계관』(Understanding the Times)이라는 책에서 그는 오늘날 세상에 널리 퍼져 있는 보편적이고 다양한 세계관을 분석한다.[11] 이 보편적 세계관을 간단히 요약하는 것은 어렵지 않다. 한 개인이 형성할 수 있는 세계관은 두 종류밖에 없다. 하나는 '인간 중심적 세계관'이고, 다른 하나는 '하나님 중심적 세계관'이다.

이 두 가지 세계관의 차이점은 미래 사회에 매우 중요하다. 콜슨은 이 두 세계관이 어떻게 다른지 명확하게 설명한다. "인간을 이해하는 기독교적 관점과 세속적인 관점 사이에 상당한 차이가 있는데, 이 사실은 종종 과소평가된다. 위선적인 그리스도인이 주변에 너무 많이 존재하기 때문이다. 우리의 많은 이웃과 직장 동료가 그리스도인인 우리와 겉으로는 별반 다르지 않다. 하지만 그들의 세계관은 성경과 완전히 일치하지 않는다. 그리고 그들이 받아들인 상대주의는 과거부터 현재까지 문화에, 심지어 기독교 내부에도 팽배해 있다."[12] 콜슨은 1990년에 미국의 주요 교단을 대상으로 실시한 전국적인 설문 조사에서 "단지 32퍼센트만이 자신의 신앙이 교회 밖 삶과 관련 있다고 믿는다"라고 한 응답 내용을 언급하면서 자신의 주장을 증명했다.[13]

하나님 중심적 세계관은 종종 '기독교 세계관' 또는 '성경적 세계관'으로 불린다. 그러나 '하나님 중심'이란 용어가 '기독교적' 또는 '성경적'이란 용어보다 본질적인 의미를 더욱 잘 드러낸다. 하나님 중심적 세계관은 최고의 권위자이신 하나님 속에서 삶을 바라봄을 의미한다. 반면에 사람 중심적 세계관은 사람을 최고의 자리에 두는 동시에 하나님을 두 번째 자리로 밀어내는 것을 의미한다. 하나의 세계관을 더 잘 이해하기 위해서는 모든 세계관을 구성하는 다음의 기본 요소들을 구체적으로 살펴봐야 한다.

- 하나님의 본성에 대한 관점(신론)
- 인간의 본성에 대한 관점(인간론)
- 지식에 대한 관점(인식론)
- 옳고 그름에 대한 관점(가치론)
- 미래에 대한 관점(종말론)

위의 각 구성 요소 안에서 하나님 중심 세계관과 사람 중심 세계관이 만들어내는 차이점을 이해하는 것이 중요하다.

하나님의 본성에 대한 관점

모든 종류의 세계관은 하나님의 본성과 관련된 개념을 포함한다. 어떤 이는 하나님의 존재를 부정하고, 어떤 이는 사람을 포함해 모든 것 안에 하나님이 존재한다고 믿는다. 이와 다르게, 하나님 중심적 세계관은 하나님은 한 분이시고, 그분이 이 세상의 모든 것을 창조하셨으며, 만물을 주관하시는 분이라는 성경적 신앙과 맞물려 있다. "우리 하나님 여호와는 오직 유일한 여호와이시니"라고 모세가 쓴 신명기 6장 4절 말씀은 이 관점을 잘 보여준다.

사람 중심적 세계관은 최종적인 책임과 권위를 사람에게 부여하는 관점이다. "보통 영원한 세계에서 불멸의 신적 형태로 생각되는 초자연적인 것은 어느 곳에든 존재하지 않는다"[14]라고 말한 인본주의자 콜리스 러몬트(Corliss Lamont)가 한 말을 주목하라.

인간의 본성에 대한 관점

사람 중심적 세계관에서 사람의 생명은 현 상태까지 진화한 것으로 간주하기 때문에, 본질적으로 사람은 선하거나 적어도 중립적인 상태로 태어난다고 이해할 수 있다. 아동 심리학 수업에서 나는 어린아이가 백지 상태(*tabula rasa*)로 태어난다는 존 로크(John Locke)의 견해를 배웠다. 물론, 이 이론은 한 개인에게 주어지는 환경 또는 교육에 따라 그의 미래의 모습이 결정된다는 가정으로 인도한다. 러몬트는 "원죄나 덕목은 존재하지 않는다. 원래 사람의 본성은 고정되어 있지 않기 때문에 교육이 가능하다"[15]라고 말했다.

하나님 중심적 세계관에서도 최초의 사람인 아담이 죄가 없는 상태로 창조된 것을 인정한다. 그런데 그 후에 아담은 죄를 짓는다. 그러고서 모든 사람이 죄의 본성을 지니고 태어나게 되었고, 하나님의 영으로 거듭나야 할 필요가 생겼다. 세상에서는 인간 타락의 교리가 아동 학대와 방치의 근거가 된다고 비판한다. 그러나 하나님 중심의 세계관에서는 하나님 눈에 모든 아이가 귀한 존재라는 주장으로 이 비판을 반박한다. 그리고 교육이 필요한 이유를 자녀에게 구원(하나님의 은혜)이 필요한 이유를 제시하고 깨닫도록 돕기 위해서라고 설명한다. 이 세상의 모든 사람은 태어날 당시의 상태가 아니라 하나님의 아들이 자신을 위해 십자가에서 피를 흘리신 역사적 사실로 인해 귀중한 존재로 회복되었음을 명심해야 한다.

지식에 대한 관점

사람 중심적 세계관에서 진리와 지식은 눈으로 확인할 수 있는 일련의 사실로 간주한다. 소위 교육 전문가라고 불리는 이들도 순수 지식에 대한 가치 판단을 거부하면서, 그것을 가치중립적인 것으로 간주한다. 사람 중심적 세계관에 따르면, 지식은 어떠한 종교적 경향, 믿음의 요소 또는 미신과도 상관이 없다.

가치중립적 지식은 실질적으로 실현 불가능하다(진화론 또는 이상주의도 종교적일 수밖에 없다. 진화에 대한 과학적 사실이 보고되고 있지만, 그것은 사람이 진화를 통해 형성된 것이라는 믿음, 즉 종교성에 기반을 두고 있기 때문이다. 이상주의도 사람의 이성이 완벽히 작동한다는 믿음, 즉 종교성에 바탕을 둔다—역주). 사실 계몽주의 이전에 지식은 그 자체에서 분리될 수 없는 특정한 가치를 수반한다고 여겨졌다. 하나님은 진리 그 자체이시므로, 우리는 지식과 지혜, 앎을 찾는 과정에서 하나님의 본성을 알아갈 수 있다. 이 주제는 잠언에 계속 반복된다. 또 로마서 1장 20절에 따르면, 하나님의 보이지 않는 본성을 그분의 창조물을 통해 이해할 수 있다고 한다.

창세로부터 그의 보이지 아니하는 것들 곧 그의 영원하신 능력과 신성이 그가 만드신 만물에 분명히 보여 알려졌나니 그러므로 그들이 핑계하지 못할지니라.

하나님 중심적 세계관은 진리가 한 인격체, 즉 예수 그리스도 그 자체임을 선포한다.

옳고 그름에 대한 관점

사람 중심적 세계관을 추구하는 사회는 도덕의 절대성이 없다고 우리에게 소리친다. 물론, 이 주장은 절대적 도덕은 없다는 사회적 동의에 절대성을 부여한 것이다! 옳고 그름은 절대적인 것이 오직 하나만 존재한다는 사회 공동체의 동의하에 사회를 구성하는 다수의 의견에 따라 결정된다. 결과적으로 절대적 도덕은 불필요한 것에 불과하다. 러몬트는 "인본주의 관점에서는 어떤 인간의 행동도 그 자체로 선하거나 악하지 않다. 오직 어떤 행동의 옳고 그름은 개인과 사회에 미치는 결과에 따라 판단된다"[16]라고 요약했다. 하나의 행동이 옳은지 그른지는 개인과 사회에 미치는 결과에 따라 판단된다.

　　대조적으로 하나님 중심적 세계관을 가진 사람은 하나님이 도덕적 결정에 필요한 기준을 정하신다는 것을 안다. 그분의 기준은 절대적이라서 결코 변하지 않는다. 환경과 상황이 어떠하든지 상관없이, 하나님이 선하다고 말씀하신 것은 선하고, 악하다고 선포하신 것은 모두 악하다. 불행하게도, 많은 그리스도인이 옳고 그름의 도덕적 판단을 할 때 사람 중심적 세계관을 채택해왔다. 조지 바나 설문 조사 기관이 1991년에 실시한 조사에 따르면, 성경을 하나님의 말씀으로 믿는 보수적인 그리스도인이라고 말하는 이들 중 52퍼센트나 절대적인 진리를 부정했다![17] 2000년에는 절대적인 진리를 부정하는 그리스도인의 수가 62퍼센트로 증가했다. 2001년 9·11 테러가 있은 직후에 진행한 설문 조사에 따르면, 그 비율이 80퍼센트까지 치솟았다.[18]

미래에 대한 관점

　　모든 세계관은 미래를 향한 관점을 내포한다. 실존주의자는 현재가 바로 그 미래라고 믿는다. 일단 오늘은 과거가 되기 때문에 내일과 관계성이 없다. 인간 중심적 세계관 시각에 입각한 미래에 대한 다음의 인본주의적 관점을 생각해보라. "주된 관심사는 현재 삶 속에서 사람이 누릴 수 있는 행복이다. 무덤 저편에 존재할지도 모르는 비현실적인 유토피아에서 누릴 수 있는 행복에는 관심이 없다."[19]

하나님 중심적 세계관을 추구하는 사람은 미래가 단지 이 땅에서 살아가는 제한적이고 일시적이며 실존적 삶 그 이상이라는 것을 인식한다. 이와 같은 관점에서 미래의 삶을 더 본질적인 것으로 인식한다. 즉, 하나님은 시작과 끝이 없는 영원한 분이시라는 진리로 미래에 대한 세계관을 형성한다. 이 땅에서의 삶은 본질적으로 영원하고 참된 삶을 준비하는 과정으로 본다.

미래에 대한 시각은 교육의 문제를 다룰 때 가장 중요한 점이라고 말해도 과언이 아니다. "미래에 대한 심리학"(The Psychology of the Future)라는 제목의 글에서 앨빈 토플러(Alvin Toffler)는 "모든 교육 과정은 미래에 대한 특정한 이미지에서 시작된다. 만약 한 사회 공동체가 결정한 미래에 대한 관점이 명확하지 않다면, 결국 그 사회의 교육제도는 젊은이들을 속일 것이다."[20]

토플러의 주장은 다음세대 교육을 감당하는 부모와 교육자에게 시사하는 바가 크다. 부모가 자녀에게 교육을 제공하려는 노력은 미래에 더 좋은 삶을 살도록 준비시키고자 하는 열망에서 기인한다. 그러므로 교육의 전 영역에 영향을 미치는 미래에 대한 관점을 명확하게 할 필요가 있다. 한 예로, 천국과 지옥의 개념은 오직 기독교 세계관의 미래를 향한 관점에서 가능하다. 만약 천국과 지옥이 교육의 장에서 명확히 제시되지 못한다면, 토플러의 예측처럼 다음세대는 멸망의 길로 인도될 것이다. 모든 그리스도인이 답해야 할 질문은 '미래에 대한 관점은 무엇인가? 그리고 그 관점 위에 형성된 사회 교육 체계가 다음 세대를 잘못된 길로 인도하고 있지는 않은가?'이다.

지금까지 전반적인 교육 과정에 기반이 되는 세계관 형성의 기본 요소들에 대해서 살펴보았다. 이제는 교육 과정을 경험한 후에 나타날 수 있는, 교육의 결과를 결정하는 두 가지 요소를 살펴보고자 한다.

1. 교육 과정이 바라보는 절대적 실제는 무엇인가?
2. 교육 과정이 바라보는 절대적 진리는 무엇인가?

절대적 실제와 절대적 진리에 대한 개념은 사람의 가치 체계를 결정하고, 다음세대에게 바라는 교육적 결과를 결정한다.

교육사 교수인 제럴드 스타일스(Gerald Stiles)는 지난 200년 동안 교육 제도에 스며든 절대적 실제와 진리에 대한 신념의 변화 과정을 연구했다. 표 3.1을 보면 절대적 실제와 진리가 교육의 결과를 결정하는 관계성을 이해할 수 있다.[21] 미국 식민지 시대, 하나님은 절대적 실제의 본질이셨다. 또한 하나님의 말씀은 진리의 궁극적 원천이었다. 대영 제국을 떠나 지금의 미국 내륙에 정착했을 때 청교도인들은 교육을 신실한 그리스도인의 삶을 살아가도록 돕는 필수 도구로 인정했다.

그러나 얼마 지나지 않아 과학의 경이로운 발전으로, 절대적 실제인 하나님과 과학이 동등한 자리에 오르게 되었고, 이성적이고 논리적인 사고도 성경처럼 진리를 결정할 가치가 있는 것으로 여겨졌다.

	식민지 시대 교육 (1620-1776) 기독교 중심	초기 국가 교육 (1789-1840) 국가 중심	주정부 학교 등장 (1840-1918) 미국적인 것	사회 재건 (1918-1963) 민주화	후기 기독교 영향 (1963-1993) 개인주의	새로운 세계 질서 (1993-) 문화 재형성
실제의 본질	하나님 그리스도	하나님 그리스도 과학	과학/하나님	과학 하나님	과학 뉴에이지	뉴에이지 과학
진리	성경 이성	성경/이성	이성 성경 개인의 소망	이성 개인의 소망 성경	개인의 소망 이성 경험	경험 개인의 소망
가치	그리스도인의 삶	그리스도인의 삶 선량한 시민	선량한 시민 그리스도인의 삶	선량한 시민 도덕적 삶 자아실현	자아실현 선량한 시민 도덕성	법률 준수 도덕 무시

〈표 3.1〉 미국 교육의 변천사(제럴드 스타일스 교육학 박사)

시간이 지남에 따라 뉴에이지 사상(사람이 신과 같아질 수 있다)이 절대적 실제인 하나님의 자리를 대신하고, 사람의 경험적 지식이 진리를 결정하는 지경에 이르렀다. 여기서 뉴에이지 사상은 사람 자신이 신과 같은 존재로 발전할 수 있다는 철학 또는 신념을 의미한다. 절대적 실제와 진리에 대한 개념의 변화 과정에 따라 교육 과정 또한 변했다. 변화된 교육 과정을 이용해 부도덕한 행위를 무도덕(도덕적 판단을 거부하고 도덕적 기준이 없는 상태)의 행위로 위장하여, 그 부도덕한 행위가 정치적 정당성(법적 정당성)을 확보하게 되었다(예: 동성 결혼과 낙태 문제).

현 미국 사회에 만연한 도덕적 절대 기준의 부재로 인한 무도덕(Amorality)의 삶의 문제를 해결하기 위해, 많은 미국 보수 그리스도인이 1950년대와 1960년대 교육 체계로 돌아가야 한다고 믿고 있다. 이들은 미국 전역의 학교 교실에서 보편적 도덕 기준을 교육받았던 때를 그리워하지만, 이런 생각은 적절하지 않다. 왜 그런가?

찰스 콜슨은 "예수님은 자신을 단지 많은 진리 중 하나의 진리 혹은 하나의 실체라고 말씀하지 않으셨다. 그분 자신만이 과거부터 현재까지 모든 존재의 이유가 되고, 보고 알며 이해할 수 있는 모든 것의 기원이자 틀을 형성하는 궁극적 실체라고 선언하셨다"[22]라고 말하며 절대적 실체와 진리에 대한 자신을 관점을 보여주었다. 그는 이렇게 결론 내렸다. "모든 의미와 이해는 절대적 실체가 되시는 인격적인 하나님의 형상인 예수 그리스도께 뿌리를 두고 있다."[23] 하나님 없이 창조가 불가능한 것처럼 하나님 없이는 진리를 알 수 없다. 교육적 실천이 하나님으로부터 출발하지 않는다면, 교육은 진리를 드러낼 수 없다. "진리로 인도하지 못하는 교육 과정은 단지 정보만을 전달하는 의미 없는 하나의 과정이 될 뿐이다. 또한 진리와 지식 전수를 목표로 한 교육은 사라지고, 오직 사회를 주도하는 최신 유행과 경향이 배움의 과정을 대신하게 된다. 그 결과, 비판적으로 사고하는 방법을 배우지 못한 채 명목상으로 비판적 사고를 하는 현상이 나타난다…무엇이 진리이고 절대적 실체인지를 알 수 있는 객관적 기준이 없다면, 음악은 불협화음을 되풀이하고, 예술은 공허에 빠지며, 문학은 혼란 속으로 휩쓸려 들어간다"[24]라고 콜슨은 덧붙였다.

그러므로 무도덕적 삶의 문제를 특정 시대의 교육 체계로 회귀하여 해결하겠다는 생각은 하나님나라 교육의 철학과 어울리지 않는다. 하나님나라 교육이 제시하는 궁극적 해결 방법은 모든 존재의 이유이신 하나님과 진리의 원천인 성경으로 돌아가는 것이다. 하나님의 은혜와 성경으로만 다음세대를 하나님의 계획에 따라 교육할 수 있기 때문이다.

세계관의 형성 과정을 구성하는 각 요소를 알고, 절대적 실제와 진리의 관점이 교육의 결과에 어떻게 영향을 미치는지 이해했다면, 이제 하나님나라 교육 실현에 필요한 교육 과정(교육이 일어나는 순서)의 구조적 측면을 이해할 필요가 있다. 다음의 세 문장은 하나님나라 교육의 교육 과정 구조를 보여주고 있다.

- 한 사람이 형성한 실제와 진리에 대한 개념이 신념을 결정한다.
- 한 사람의 신념이 가치 체계를 형성한다.
- 한 사람의 가치 체계가 행동을 주도한다.

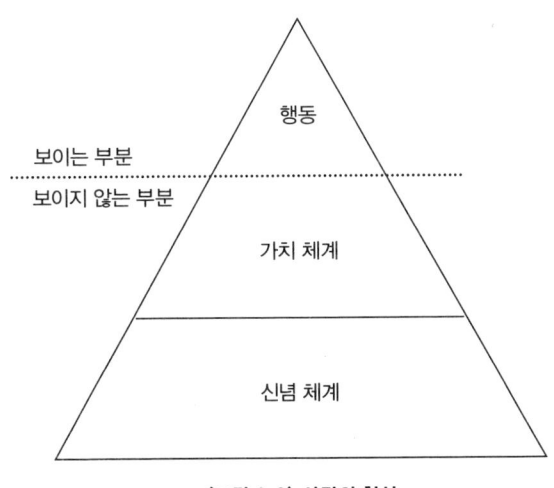

〈그림 3.2〉 사람의 형성

자세히 말하자면, 절대적 실제이신 하나님의 존재와 성경 말씀을 진리로 인정하는 하나님나라 교육의 과정은 실제와 진리에 대한 개념이 세계관과 상응하는 신념 체계를 결정한다는 관점에서 시작한다. 왜냐하면 신념이 가치 체계의 기준이 되고 최종적으로 어떻게 행동할 것인가를 결정하기 때문이다.

그림 3.2는 한 사람의 교육이 실현되는 과정의 구성 요소인 신념과 가치 체계 그리고 행동의 관련성을 보여주고 있다. 신념은 가치 체계를 형성하고, 가치 체계가 행동을 결정한다. 신념과 가치 체계는 눈에 보이지 않기 때문에, 눈으로 보는 단순한 관찰로 신념과 가치 체계를 파악하는 것은 불가능하다.

예를 들어, 주일날 교회 예배에 참석하는 사람의 옷차림을 보고, 그 사람의 신념과 가치를 판단하는 것은 부적절하다. 프랭크 게이블라인(Frank Gaebelein)은 다음과 같이 말하면서 행동 이면에 작동하는 신념의 역할을 강조했다. "삶은 내적 신념을 반영한다. 즉 피상적이고 물질적인 요소가 아니라 내적 신념이 행동을 실질적으로 지배한다."[25] 또한 몰리는 게이블라인의 생각을 다음과 같이 다르게 표현했다. "집을 세우는 기초가 살아가는 삶을 결정한다. 그러므로 기독교적 기초만이 기독교적 삶을 이끌어낼 수 있다."[26] "삶은 중요하게 여기는 무언가를 보여주는 일종의 명패와 같다."[27]

다음세대를 교육할 때 종종 겉으로 보이는 행동이나 외적인 것에 중점을 두는 경향이 있다. 옷 입는 법, 올바른 자세, 출입 가능한 장소나 금지된 장소 또는 시청 가능한 영화와 같은 것을 점검하기 바쁘다. 하지만 정말로 근본적이고 중요한 신념을 형성하는 과정과 관련한 것에는 관심을 집중하지 못한다. 다음은 삶에서 신념이 중요한 이유를 다시 한번 보여준다.

- 믿는 것이 행동을 결정하고,
- 믿는 것이 영원히 중요하며,
- 믿는 것이 그리스인의 삶을 결정한다.[28]

오히려 일상생활에서 비기독교인이 그리스도인보다 내적 신념의 영향력을 더 잘 이해하고 있다. 그래서 비기독교인들은 외적 모습에 집착하는 경향을 멈추고, 젊은 세대의 신념 체계에 영향력을 끼쳐 그들의 내면을 바꾸려고 했다. 예를 들어, 다음세대에게 생명의 기원에 관한 가설의 하나인 진화론을 객관적이고 과학적인 사실인 것처럼 계속 주입함으로써, 그들의 신념 체계를 바꾸려고 했다. 지난 30-40년 동안 배움의 터인 교실에서 이 왜곡된 이론을 가르쳤다. 진화론에서 강조하는 핵심은, 사람이 창조된 존재가 아니라 진화 과정을 거쳐 먹이 사슬의 맨 위에 위치하는 존재라는 것이다.

진화론에 따라 다음세대를 가르치는 것은 결국, 사람이 단지 정원에서 자라는 잔디나 잡초와 다를 바가 없는 자연의 산물에 지나지 않는다고 교육하는 것이다. 진화론의 근본 전제인 적자생존이라는 자연법칙에 따르면, 정원의 잡초가 보기 싫다면 뽑아버리거나 제초제를 뿌려서 제거하는 것이 당연한 일이다. 이러한 적자생존의 법칙이 현대를 살아가는 다음세대를 어떻게 바꿔왔는지 알고 싶다면, 평가 절하된 생명의 가치를 다루는 신문 기사에서 확인할 수 있다. 임신한 십대가 화장실에서 아기를 낳고 쓰레기통에 버리고 아무런 일도 없었던 것처럼 생활했다는 기사 내용은 진화론 교육이 만들어낸 결과 중 한 예가 될 수 있다. 그 십대가 정원의 잡초를 뽑아버리듯이 아기를 죽도록 버릴 수 있었던 것은 생명의 고귀한 가치를 인식하지 못했기 때문이다. 또 생명 가치를 경시하는 문화는 요즘 심각한 사회 문제 중 하나인 낙태 문제와 관련지어 생각해볼 수 있다. 청소년 낙태 문제는 말 못하는 생명을 무분별하게 파괴하는 것 이상으로 심각한 문제다. 왜냐하면 낙태를 결정하는 행동 이면에 놓인 신념 체계의 변화는 더 심각한 문제를 일으킬 수 있기 때문이다.

지금까지 이 문제를 해결하기 위해 교회에서 세운 대책은, 낙태와 같은 살인은 잘못된 행위라고 교육하는 데 머물렀다. 죄 된 행위의 근본 원인을 파악해서 고치려고 노력하기보다는 단지 겉으로 드러난 행위를 수정하는 데 중점을 두는 실패를 반복했다. 다시 말해서, 하나님의 말씀과 함께 행위 뒤에 숨어 있는 신념 체계를 변화시키려는 노력이 부족했다.

진화론과 같은 잘못된 신념 체계를 심고자 투자한 노력과 시간만큼, 지금부터는 하나님과 그분의 말씀으로 다음세대의 신념 체계를 바꾸기 위한 교육을 시작해야 한다. 조쉬 맥도웰(Josh McDowell)도 행위보다 신념 체계에 관심을 가져야 한다고 분명하게 밝혔다. "잘못된 행위를 하게 만드는 유혹도 염려해야 하지만, 다음세대가 무엇을 믿게 할지에 더 큰 관심을 기울여야 한다."²⁹ 우리가 다음세대의 삶과 관련한 성경적인 신앙 체계를 올바르게 정립하도록 도울 때, 다음세대가 온전한 사람으로 성장할 수 있다. 참된 온전함은 "성경이 제시하는 신앙과 행동이 일치되는 삶"을 의미한다.³⁰

  요약하면, 교육은 단지 지식을 전달하거나 행동을 수정하는 결과만 내는 것이 아니라 신념 체계, 즉 세계관을 형성하게 할 수 있다. 우리는 이러한 사실을 이해하는 동시에, 자녀에게 올바른 세계관을 세워주기 위해 다음 원리에 집중해야 한다. 첫째, 교육으로 어떠한 유형적, 영적, 물질적, 기독교적, 세속적 결과가 드러난다. 둘째, 교육은 학문적 또는 윤리적 결과를 보장할 수 없다. 즉 개인의 도덕적 성숙이나 더 좋은 사회의 발전이 교육으로 보장되지 않는다. 그러나 교육은 평생 한 사람의 신념과 가치 체계, 행동을 이끄는 세계관 형성에 기여한다는 사실을 명심해야 한다. 세계관은 인간 중심적이거나 하나님 중심이거나 둘 중 하나다. **하나님나라 교육은 하나님 중심의 세계관을 지향하기 때문에 하나님의 방식에 따라 생각하고 행동하도록 다음세대를 교육하기 위한 그분의 계획이다.**

교사의 영향력은 영원하다.
그 영향력이 언제 멈출지는 아무도 모른다.

_출처 미상

4장.   교사의 영향력

하나님나라 교육은 교사 없이는 실현될 수 없다. 믿음의 기성세대는 다음세대를 향한 하나님의 교육이 실현되는 데 핵심적이다. "제자가 그 선생보다 높지 못하나 무릇 온전하게 된 자는 그 선생과 같으리라"(눅 6:40)는 말씀처럼, 한 자녀가 완전히 훈련받았을 때 그는 단지 그의 선생과 같이 될 것이다. 한 자녀의 세계관을 형성되는 데 가장 중요한 요소는 교사의 영향력이다. 우리는 다음세대를 교육할 때 누가 가장 영향을 주는지에 대한 하나님의 우선순위를 다음 장에서 토론할 것이다. 4장에서는 모든 교사가 가르치는 대상에게 주는 3가지 주요 영향력을 다룰 것이다.

나는 수년간 학교에서 가르치면서, 교육에 관한 문구들을 수집했다. 다음 인용문을 읽고 한번 깊이 생각해보라.

- 가르침은 영원히 한 사람을 감동하게 하는 것이다!
- 누구도 교사의 영향력을 지워버릴 수는 없다!

- 교사는 과거를 보존하고 현재를 드러내며 미래를 창조한다!
- 진실한 교사는 매우 현명하다. 모든 아이의 눈에서 내일을 보기 때문이다!

내가 린치버그 기독교 사립학교에서 퇴임했을 때, 학생 한 명이 지금 서재에 걸어놓은 성구 액자를 선물해주었다. 그 액자에 "그는 훌륭한 교사였다. 하나님과 사람 모두에게 존경받는 교사였다"라고 쓰여 있다. 그리고 그 밑에 누가복음 24장 19절이라고 적혀 있는데, 이 성구는 교사가 감당해야 할 중요한 역할을 끊임없이 상기시킨다. 게이블라인은 한때 "효과적인 교육이 이루어진다면, 시간이 흐를수록 점점 더 깊이 교사의 세계관이 학생의 세계관으로 자리 잡게 된다. 철학적 진공 상태에서 가르치는 이는 아무도 없다. 영적이든 세속적이든, 긍정적이든 부정적이든, 모든 교사는 자기 삶의 신념을 어떤 방식으로든 학생에게 전수하게 된다"라고 썼다.

어떤 교사든 학생에게 세 가지 방식으로 주요한 영향력을 행사한다. 우리가 하나님나라 교육이 제시하는 하나님의 계획을 실천하려고 시도할 때, 이 세 가지 교사의 영향력을 인식하는 것이 무엇보다도 중요하다. 그림 4.1은 가르치는 학생에게 미치는 교사의 영향력을 잘 보여준다.

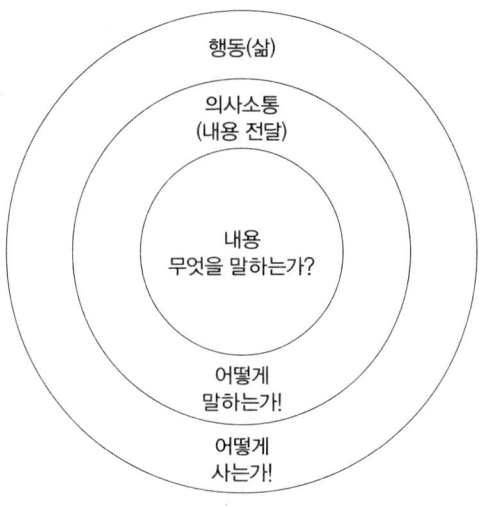

〈그림 4.1〉 교사의 영향력

　　이 그림에서 세 개의 동심원은 교사가 발휘하는 각기 다른 영향력을 의미한다. 중심원에서부터 시작해보면, 말하는 내용에 영향력이 있음을 볼 수 있다. 우리가 말하는 내용으로 다음세대에게 영향을 끼칠 수 있기에, 우리는 아이들이 진리를 받아들이도록 세심한 주의를 기울여야 한다. 그래서 야고보서 3장에서는 너무 성급한 선생이 되지 말라고 권면한다. 더욱이 가르치는 자에게는 더 큰 심판이 임하리라고 경고한다. 만약 학교나 교회에서 신임 교사와 출근 첫날 이 말씀을 나눈다면, 그 신임 교사가 어떤 반응을 보일 것 같은가?

　　야고보 사도는 왜 강한 어조로 교사에게 경고하는 것일까? 이 말씀 앞뒤 구절을 살피면, 혀에 담긴 긍정적인 면과 부정적인 면의 이

중적 힘이라는 맥락에서 이 말씀이 시작했음을 알 수 있다. 말을 많이 할 수밖에 없는 교사들은 그들이 말하는 것에 막중한 책임을 지게 된다. 하나님나라 교육을 하려면 진리를 말하는 교사가 필요하다. 모든 진리는 하나님의 진리다(All truth is God's truth). 그러므로 하나님의 말씀은 교육을 위한 토대다. 아니, 반드시 토대가 되어야 한다. 나는 최근 남침례 신학대학교의 총장인 앨버트 몰러 박사의 연설을 요약한 기사를 읽었다. 이 기사의 헤드라인은 "기독교 교육에서 성경을 빼면 거짓"[2]이었다. 하나님은 그분의 체계 안에서 진리를 가르칠 교사를 부르신다.

그림 4.1에서 두 번째 원은 교사의 의사소통 방법이 주는 영향력을 나타낸다. 말하는 방법으로 어떻게 영향력을 끼치는가? 5세 아이 십여 명이 같은 교실에 있다고 가정해보자. 그들은 작은 책상에 앉아 있고, 당신은 그들의 교사다. 만약 당신이 아이들이 있는 교실로 들어가서, 샌디라는 어린아이 앞으로 다가가, 팔짱을 끼고 엄숙한 눈빛과 투박한 말투로 "샌디! 하나님이 너를 사랑하시고 나도 널 사랑해"라고 말한다고 상상해보라. 그러면 그 아이는 분명히 울음을 터뜨릴 것이다. 그 이유는 무엇인가? 당신은 분명히 교사로서 명확한 진리를 전달했다. 하지만 말하는 내용이 아니라 말하는 방식에 문제가 있었다. 만약 당신이 자세를 낮추고 아이와 같은 눈높이에서 부드러운 말로, "하나님은 널 사랑하시고 나도 널 사랑해"라고 말했다면, 더 효과가 있었을 것이다.

어떻게 말할지는 때로 무엇을 말할지보다 더 큰 영향력을 발휘한다. 하나님의 말씀에는 항상 사랑과 함께 진리를 말하고, 그분의 은혜로 말해야 한다고 나와 있으며, 이는 우리에게 말하는 방식이 끼치는 영향력에 대한 교훈을 준다. 이처럼 무엇을 그리고 어떻게 말할지는 교사가 다른 사람의 삶에 미치는 두 가지 주요한 영향력이다.

그림 4.1의 바깥쪽 원도 매우 중요하다. 이 원은 교사의 행동에서 드러나는 영향력을 의미한다. 이 영향력은 어떻게 살아가는지와 관련 있다. 당신은 다음과 같은 속담을 들은 적이 있을 것이다. "행동은 말보다 더 큰 소리로 말한다." 또 이런 말을 들어봤을지도 모른다. "당신의 행동 때문에 당신이 한 말이 하나도 귀에 들어오지 않는다." 행동은 교사가 다른 사람에게 영향을 끼칠 수 있는 강력한 수단이다.

당신이 만났던 여러 교사를 떠올려보라. 그들과 관련해서 어떤 점이 가장 많이 생각나는가? 그들이 한 말인가? 그들이 의사소통했던 방법인가? 아니면 그들이 보여주었던 행동인가? 나는 초등학교 1학년 담임교사셨던 크래머 선생님이 많이 생각난다. 선생님은 2학년 때도 나의 담임선생님이셨다. 어렸을 때 작은 학교에 다녔기 때문에 초등학교 4년 동안 같은 담임선생님에게 지도를 받을 수 있었다. 크래머 선생님은 학교 바로 옆에 사셨기 때문에 항상 일찍 출근하셨다. 추운 겨울에 학생들이 학교에 오면 젖은 벙어리장갑을 말릴 수 있도록 교실 안에 있는 난로를 따뜻하게 해놓으셨다. 존경하는 크래머 선생님이 하신 말씀이 모두 다 기억나지는 않지만, 학생들에게 보여주신 행동은 생생하게 기억한다. 그분의 행동은 지워지지 않는 추억으로 여전히 나에게 남아 있다. 선생님은 가끔 나를 장작 창고로 데리고 가서 종류가 다른 두 가지 나무에 관해 알려주시기도 했다. 그것은 난로의 불을 계속 타오르게 하는 나무와 때로 학생들의 내면에 타오르는 불을 사그라들게 하는 사랑의 매로 사용하는 나무다.

교사의 행동과 대화 방식 또는 교육 내용 사이에 모순이 있을 때, 95퍼센트 정도의 학생이 교사가 교육하는 내용을 거부하고, 눈으로 직접 보이는 교사의 대화 방식과 행동만을 받아들인다. 하나님은 교사에게 경건한 삶을 직접 보여주라고 요구하신다. 그리고 다음세대가 예수 그리스도 안에서 경건한 삶을 살아가는 교사에게 교육받기를 소망하신다.

사도 바울은 다음세대 교육과 관련해 교사가 끼칠 수 있는 이 세 가지 영향력에 대해 충분히 이해하고 있었다. 그는 빌립보서 4장 9절에서 제자들에게 상당히 중요한 교훈을 주고 있다.

너희는 내게 배우고 받고 듣고 본 바를 행하라 그리하면 평강의 하나님이 너희와 함께 계시리라.

이 말씀은 하나님나라 교육을 행하는 모든 교사에게 자기 평가를 할 수 있는 기준이 된다. 바울은 자신이 말한 것을 제자들이 잘 시행한다면, 평강의 하나님이 함께하시리라고 당당하게 선포한다. 그는 가르칠 때마다 진리를 선포했고, 올바른 방법으로 진리를 전달했다. 그런데 이 말씀에서 가장 강력한 부분은 제자들이 바울에게서 본 것을 그대로 행한다면, 평강의 하나님이 그들과 함께하시겠다고 약속하신 부분이다. 이처럼 바울은 행동에서 나오는 강력한 영향력을 완전히 이해했다.

때때로 교사로서 내 행동을 그대로 배우고 따르도록 가르쳤던 이들에게 평강의 하나님이 함께하지 않으셨을 때도 있었다. 그때 내가 보여준 태도나 행동을 학생들이 그대로 모방했지만, 다른 교육적 결과가 드러났다. 그들은 아마도 평강의 하나님보다는 심판과 공의의 하나님을 경험했을 것이다.

교사는 자신이 학생에게 끼칠 영향력을 이해한 후에, 자신이 가르친 핵심 내용에 더 깊은 관심을 가져야 한다. 다음에 나오는 교육의 네 가지 핵심이 균형을 이루어야 한다.

1. 진리의 핵심: 무엇을 믿는가?
2. 근거의 핵심: 왜 믿는가?
3. 적용의 핵심: 믿음의 결과로 무엇을 해야 하는가?
4. 실천의 핵심: 어떻게 살 것인가?[3]

우리의 궁극적 목적은, 우리 자녀가 진리에 일치하는 삶을 살아가는 균형 잡힌 그리스도인으로 자라도록 인도하는 것이다. 이처럼 살게 하려면, 우리 자녀가 "먼저 무엇을 믿어야 하는지 알아야 하고, 결과적으로 어떻게 살 것인지를 깨달아야 한다."[4]

하나님나라 교육에서 교사에게 바라는 점은, 그들이 학생들에게 영향을 끼치는 다양한 방법을 인식하기를 바란다는 것이다. 또 교사가 우리 아이들의 삶의 방식에 계속 교육적 영향을 끼친다는 사실을 인지하고, 아이들을 사랑으로 교육하기를 바란다. 하나님나라 교육은 다음세대를 위한 하나님의 계획이다. 이 하나님의 계획이 실현되려면, 모든 교사와 부모가 하나님나라 교육의 의미를 알고, 이 교육 과정에서 얻게 되는 결과를 이해하며, 아이들에게 올바른 교육적 영향력을 행사해야 한다.

2   **가정의 역할**

자녀가 인생에서

성공의 길로 나아가려면,

하나님의 진리를 알아야 한다.[1]

_글렌 슐츠

5장.   하나님이 부모에게 주신 과제

지난 수십 년 동안 계속해서 가정은 강력한 공격을 받아왔다. 최근 연구에 따르면, 그리스도인의 결혼 생활도 비기독교인의 결혼 생활처럼 이혼으로 끝나는 경우가 증가하고 있다.[2] "가정은 문명사회가 배양되는 모판과 같다."[3] 하지만 우리는 지금 가정의 붕괴를 직접 눈으로 보고 있다. 그리스도인의 결혼과 가정의 현재 모습은 우리의 자녀와 다음세대에게 치명적인 영향을 미쳤다. 가정은 과거와 현재, 미래에 지속적으로 다음세대에게 강력한 영향력을 발휘하는 장소이기 때문이다. 건강한 가정이 앞으로의 교회의 모습을 결정할 것이다.

존 맥아더(John MacArthur)는 자녀 양육에 관하여 부모에게 아래와 같이 지혜로운 권면을 한다.

우리에게 절실하게 필요한 것은 성경적인 부모 역할을 회복하는 것이다. 지금 부모들에게 필요한 것은 새로운 정보를 가진 교육 전문가가 설계한 단기 속성 프로그램이 아니다. 그것보다 하나님의 말씀에서 분명하게

제시되는 몇 가지 단순한 원리로 돌아가, 그것을 계속 적용하며 순종의 삶을 살아가는 것이다.[4]

우선 자녀 양육에 대한 부모의 책임이 매우 중요하다는 사실을 이해해야 한다.

나는 대학교 2학년 때 미적분학 수업에서 있었던 일을 어제 일처럼 생생하게 기억한다. 의과대 진학을 목표로 삼았기에, 이 수업에서 A학점을 받으려고 열심히 공부했다. 의대에 들어가기 위해서는 내가 수강하는 모든 수학, 과학 수업이 매우 중요했다.

첫 수업부터 강의에 집중하며 세심하게 노트 필기를 했다. 수업을 마칠 즈음, 그 수업 담당이었던 커프먼 교수님은 우리에게 집에서 풀어야 할 문제 10개를 숙제로 내주었다. 나는 그날 밤부터 당장 숙제를 하기 시작해서 끝냈고, 열 문제를 완벽히 풀었다는 자신감을 가지고 다음 강의에 출석했다. 교수님은 강의를 마치고 어김없이 두 번째 과제를 내주었다. 하지만 첫 번째 과제물을 확인하거나 걷어 가지 않았다. 수업 중에 그 문제를 다루지도 않았다.

나는 단순히 교수님이 첫 번째 과제 걷는 것을 잊어버렸다고 생각했다. 그래서 그날 밤도 기숙사 방으로 돌아와서 열심히 두 번째 과제를 끝냈다. 그런데 놀랍게도, 교수님은 계속해서 과제를 검사하거나 채점하지 않았다. 이런 일이 몇 번 더 반복되자, 나는 교수님이 과제를 검사하거나 채점하지 않을 것으로 생각하고, 이후로는 더는 과제를 하지 않게 되었다. 교수님이 수업 시간에 다뤄주지도 않는데, 과제를 열심히 하는 것은 시간 낭비라고 생각했기 때문이다.

3주 후 교수님은 중요한 시험이 있다고 공지했다. 나는 즉시 열심히 준비하기 시작했다. 시험 보는 날, 자신만만하게 시험을 잘 볼 것이라고 자신했다. 열심히 공부했고, 모든 수업 내용을 잘 이해하고 있었기 때문이다. 시험지를 받고 바로 모든 문제를 훑어보았다. 당연히 나는 준비를 잘했기에 그 시험지에 있는 모든 문제의 답을 알고 있었다.

그런데 시험 중간쯤 갑자기 교수님이 "여러분, 모든 과제물을 시험지와 함께 제출하세요. 과제물이 시험 성적의 50퍼센트를 차지하게 될 겁니다"라고 말했을 때 머릿속이 하얗게 되었다. 식은땀이 나기 시작했다. 왜냐하면 나는 2주 전부터 과제를 하지 않았기 때문이다. 갑자기 정신이 멍해졌다. 그리고 더는 나머지 문제에 대한 답을 쓸 수 없었다. 결국 시험을 망쳐버렸다.

나는 이 경험에서 아주 값진 교훈을 얻었다. 비록 정기적으로 내 숙제를 점검하는 사람이 없더라도 내게 주어진 모든 과제를 완성할 책임이 있다는 것이다. 이 값진 교훈은 지금까지 내 삶의 여정에서 가치를 드러내고 있다. 마찬가지로, 시편 127편 3-5절에서 하나님은 이 지혜로운 교훈을 부모에게 주신다.

보라 자식들은 여호와의 기업이요 태의 열매는 그의 상급이로다 젊은 자의 자식은 장사의 수중의 화살 같으니 이것이 그의 화살통에 가득한 자는 복되도다 그들이 성문에서 그들의 원수와 담판할 때에 수치를 당하지 아니하리로다(시 127:3-5).

지금 우리는 교육적 주제를 다루고 있기 때문에, 나에게는 이 말씀의 처음 부분이 다르게 이해된다. 교육적 관점에서 시편 127편 3절 말씀을 해석하자면, "보라. 자녀는 하나님이 부모에게 주신 과제다"라고 본다. 부모가 되었을 때, 하나님이 선물로 주신 자녀를 올바르게 양육할 과제도 우리에게 주신 것이다. 우리는 자녀를 하나님의 교훈과 훈계로 양육해야 한다. 나와 아내 샤론은, 하나님이 세우신 계획에 따라 우리 아이들을 양육하고 교육하는 데 우리가 맡은 책임에 관해 서로 대화한 적이 있다. 시편 127편 3-5절뿐만 아니라 다른 성경 구절에도 자녀 교육의 책임이 부모에게 위임된 사실이 명백히 드러난다. 하지만 많은 믿음의 부모가 하나님의 교육 과제를 명확히 깨닫지 못하고 있다. 비록 하나님이 직접 가정에 찾아오셔서 그 과제를 규칙적으로 검사하지 않으신다고 해도, 언젠가 그분이 "이제 점수를 주려고 하니, 모든 과제를 제출하라"고 말씀하시는 것을 듣게 될 것이다.

교회사를 살펴보면, 교회 지도자들은 항상 부모의 교육적 책임을 강조했다. 크리스천 오버먼(Christian Overman)은 "히브리 부모는 자녀를 하나님이 그들에게 맡기신 선물로 보았다. 그리고 자녀를 하나님이 가정에 주신 약속으로 받았다"[5]라고 했다. 맥아더도 다음과 같이 이 사실을 강조했다. "하나님은 자녀 양육에 대한 책임을 학교 교사나 동료 친구, 보육 기관 종사자와 같은 가정 밖의 다른 어떤 사람에게 주지 않으셨다. 그러므로 자녀 교육의 실패를 부모가 아닌 다른 이의 탓으로 돌릴 수 없다."[6]

말라기 2장은 부모가 받은 자녀 교육에 대한 과제가 하나님께 얼마나 중요한지 우리에게 훌륭한 통찰력을 제공한다. 특히 14절에서 하나님은 유다 백성의 번제를 받지 않으신 이유를 설명하신다. 하나님은 이스라엘의 결혼이 엉망이 된 것을 몹시 괴로워하셨다. 하나님이 결혼 제도를 거룩하게 제정하셨으므로, 부모가 경건한 자녀를 키워낼 수 있다고 말씀하신다. 슬프게도 주변에는 자녀를 가질 수 없는 부부들도 있지만, 하나님은 모든 부모가 자녀를 경건한 하나님의 자손으로 길러내기를 바라신다. WTB(Walk Thru the Bible Ministries, 성경을 따라 걷기 사역) 설립자인 브루스 윌킨슨(Bruce Wilkinson)은 말라기 2장 14절을 다음과 같이 해석한다.

> 결혼은 단지 교제만을 위한 것도 아니고, 하나님의 창조 명령을 수행하기 위해 존재하는 것도 아니다. 하나님은 우리의 결혼 관계에서 무언가를 요구하시는데, 그것은 바로 후손이다. 그런데 단순한 후손이 아닌, 결혼 관계 안에서 양육된 거룩한 후손을 바라신다.[7]

오늘날 그리스도인도 말라기서의 유다 백성이 처한 상황과 비슷한 처지에 놓여 있다. 그리스도인이 마땅히 행해야 하는 종교적 삶(교회 출석, 찬양과 예배, 헌금과 십일조 봉헌)을 살지만, 하나님은 그 삶을 기쁨으로 받지 않으시고, 결국 돌아보지 않으시는 것 같다. 예를 들어, 우리가 하나님께 이 땅을 치유해달라고 간절히 기도하고 요청하지만, 우리 사회는 더 격렬하게 도덕적으로 타락하고 있다.

왜 하나님이 우리의 종교적 삶에 관심을 두지 않으시고, 우리의 기도에도 응답하지 않으시는지 우리 자신에게 물어봐야 한다. 유다 백성에게 진리는 변함없이 현재에도 진리다. 우리의 가정은 황폐해졌다. 사람들은 너무 쉽게 이혼한다. 결과적으로 매우 소수의 가정만이 경건한 자녀를 양육하는 과제에 헌신하고 있다. 그 과제가 하나님께 너무 중요하기 때문에 부모들이 하나님의 명령에 따라 자녀를 양육하지 못한다면, 그분은 우리의 종교적 헌신을 기쁨으로 받지 않으실 것이다.

구소련 연방 국가를 방문할 기회가 있었다. 그 여행의 목적은 성경적 윤리관 위에 보편적 사회 기초를 세워가는 방법을 구소련 교사들에게 가르치기 위해서였다. 나는 교육에 종사하는 이들과 긴 시간 대화를 나누었지만, 자녀 교육의 책임이 부모가 아니라 국가에 있다고 믿는 그들의 신념이 건재하다는 사실만 더 명확해졌을 뿐이었다. 이처럼 오늘날 (그리스도인 부모를 포함해) 대다수 사람은 하나님이 주신 거룩한 과제인 교육의 책임을 정부 같은 다른 곳에 양도해버린다. 때로 이 교육적 책임이 교회에 주어진 적도 있었고, 학교에 주어지기도 했다. 하지만 하나님이 자녀를 교육할 책임을 부모에게 주셨다는 사실을 벗어날 길은 없다.

래리 버켓(Larry Burkett)은 『부유한 자녀로 양육하라』(Financial Parenting)라는 자신의 저서에서 자녀 양육에서 부모가 맡은 역할을 강조한다.

부모는 하나님의 말씀과 성경 원리를 바탕으로 자녀를 교육하여, 자녀가 하나님의 이끄심을 받을 수 있도록, 또 하나님과의 관계가 더 발전되도록 도와야 한다. 부모들이 가정에서 자녀에게 교육하는 내용이 가정 밖에서 배운 것과 일치하지 않기 때문에, 부모는 자녀가 혼란에 빠지지 않도록 성경적 원리의 기초를 튼튼히 세우는 일에 집중해야 한다. 성경이 인생의 길잡이가 되도록 부모는 성경의 원리와 교훈을 자녀가 삶의 기반으로 삼도록 습관화시켜야 한다.[8]

미국 교육사 교수인 프랜시스 커랜(Francis Curran)은 가정과 교회 밖의 주체가 자녀를 합법적으로 교육할 수 있게 된 변화를 역사적 관점에서 연구하고, 그 내용을 다음과 같이 정리했다.

교육과 기독교 역사에서 혁명적인 변화는 지난 세기 동안 초등 보통 교육에 대한 공식적인 통제권이 가정과 교회에서 국가 정부로 넘어간 것이다. 특히 "초등 교육의 책임이 교회에 있다"라고 공식적으로 선포한 유일한 국가인 미국조차 그 책임을 포기했다. 결국 가정과 교회는 국가 정부가 초등 교육의 권리를 주도적으로 행사하는 일에 동의하고 말았다.[9]

물론 교회보다 먼저 부모들은 이 책임을 포기해야만 했다. 결국 참담하고 비극적인 결말을 맞이했다.

자녀를 화살에 비유한 시편 127편에서 하나님은 우리에게 부모의 교육적 책임에 관하여 또 하나의 깊은 통찰을 제공하신다. 나는 활 쏘는 것을 즐겨하지는 않지만, 사냥 목적으로 화살을 사용하는 이들과 대화를 한 적이 있다. 그들은 모두 한결같이 사냥의 성공이 화살의 상태에 좌우된다고 알려주었다. 쓸모 있는 화살이 되기 위해서는 다음 3가지 조건을 갖춰야 한다고 했다. 우선 반드시 곧아야 하고, 균형을 유지할 수 있어야 한다. 마지막으로 반드시 날카로워야 한다.

첫 번째로, 화살은 곧아야 한다. 온종일 숲속에서 사냥감을 기다리고 마침내 사냥감이 나타나는 상황을 상상해보라. 당신은 바로 활을 들고 조심스럽게 조준한 뒤에 화살을 쏠 것이다. 불행하게도 그 화살이 목표물로 향하지 않고 숲속 어딘가에 떨어졌다. 화살이 휘어져 있었기 때문이다. 일반적으로 어떤 사람이 화살처럼 바르고 곧다고 인정받는다면, 그는 정직하고 진실한 인격의 소유자로 생각된다. 이와 마찬가지로 우리가 자녀를 교육할 때는, 복음을 통해 자녀가 올곧은 사람이 되도록 이끌어야 한다. 죄로 구부러진 인생은 오직 십자가에서 죽으시고 부활하신 예수 그리스도를 통한 구속으로만 바르게 회복될 수 있다.

쓸모 있는 화살의 두 번째 조건은 상하좌우의 균형이 잡혀 있다는 것이다. 화살 끝부분에 있는 화려한 깃털은 단지 장식을 위한 것이 아니다. 잘 다듬어진 깃털은 화살이 날아갈 때 완벽한 균형을 유지하게 해준다. 만약 화살이 균형을 유지하지 못하면 날아가다가 흔들리고, 결국 목표에서 벗어나게 된다. 그러므로 자녀가 균형을 유지하게 하는 것이 부모인 우리가 맡은 과제다. 우리는 자녀의 삶의 모든 영역이 하나님의 말씀으로 균형 잡혀 있는지 주시해야 한다.

마지막으로 화살은 반드시 날카롭게 연마돼 있어야 한다. 발견된

먹잇감을 향하여 화살을 쐈고, 그 화살이 먹잇감에 명중했는데, 만약 그것이 그냥 땅으로 떨어졌다면 그 좌절감이 얼마나 클지를 상상해보라. 화살 끝을 날카롭게 만들지 못한 것이 이 문제의 원인이다. 우리 자녀는 성령에 온전히 순종하는 삶을 어떻게 살 수 있을지를 배우기 때문에, 예리해질 것이다. 그리고 그들이 성인이 되었을 때 하나님께 귀하게 쓰임받을 것이다.

내가 자녀 양육이라는 과제를 완수했을 때, 하나님이 그분 나라의 사역에 우리 아이를 사용하실 수 있도록 그 아이를 다시 돌려드릴 것이다. 성경에서는 이 사역을 영적 전쟁으로 표현했다. 하나님은 우리에게 곧고, 균형 잡혔으며, 예리한 화살을 받기를 기대하셨다. 하지만 안타깝게도 너무나 많은 믿음의 부모가 크리스마스 선물 같은 장난감 화살, 즉 곧지 않고, 불균형하며, 화살 끝에 고무 빨판이 있는 마트에서 흔히 살 수 있는 저가의 장난감 화살을 하나님께 드리고 있다.

시편 78편 1-7절은 자녀 교육을 성공적으로 완수하기 위해 얼마나 철저하게 준비해야 하는지 보여준다. 시편은 한 가정의 아버지에게 진리로서 하나님 말씀을 그의 자녀에게 전하고, 순종하는 삶의 모범을 보여주라고 요구한다. 히브리 민족이 가정을 세우는 비밀 중 하나는 "가정 안에서 자녀를 양육할 책임은 아버지에게 있다는 개념을 받아들이는 것이었다."[10] 물론 부모 모두 자녀 교육에 참여하기는 하지만, 아버지의 역할이 자녀에게 얼마나 중요한지 모른다.

만약 시편의 교훈을 지킨다면, 부모가 우선 신앙적인 모범을 보이고, 그다음에 교육이 이루어져야 하는 것이 맞다. 이미 언급한 교사의 세 가지 영향력을 다시 생각해보자. 교사가 교육 내용으로 끼치는 영향력이 종종 행동으로 끼치는 영향력 때문에 과소평가된다. 맥아더는 "솔로본이 말하는 훈계의 내용은 전혀 부족함이 없지만, 그는 삶(행동)으로 모범을 보이는 일에는 철저히 실패했다"[11]라고 우리에게 경고했다. 그는 계속해서 "자녀에게 건전한 지혜를 가르치고, 그 지혜와 모순된 삶을 사는 것은 아무런 교육적 가치가 없다…자녀가 주님의 지혜를 경멸하고 저버리도록 인도하는 방법 중 이보다 더 효과적인 것은 없다"[12]라고 했다.

시편 78편은 또한 자녀 교육에 필요한 성실함의 의미를 보여준다. 78편을 쓴 시편 기자는 부모에게 빈틈없이 성실하게 자녀를 가르치라고 말하면서, 또한 자녀가 그의 자녀를 성실하게 가르칠 수 있게 인도해야 한다고 덧붙인다. 결국 다음세대는 "소망을 하나님께 두며 하나님께서 행하신 일을 잊지 아니하고 오직 그의 계명을 지키게 될 것이다"(시 78:7).

이와 같은 가르침은 이어달리기 경주와 비슷하다. 그런데 이 이어달리기는 누구에나 일어날 수 있는 아주 중요한 경기다. 나는 최근 한 스포츠 중계방송에서 이어달리기 경기를 본 적이 있다. 경기를 보는데, 이것이 성경적 자녀 양육을 아주 잘 묘사하고 있다는 생각이 들었다.

이어달리기 경주

탄탄한 근육질의 신체를 가진 주자 네 명이 운동장 트랙에서 출발할 준비를 한다. 첫 번째 주자는 배턴을 잘 움켜쥐고, 출발 지점에서 출발 신호를 기다리며 긴장한 자세로 모든 힘을 모으고 있다. 그는 바로 달려 나가기 위해 자신의 근육을 팽팽하게 긴장시키고 있다.

출발을 알리는 총소리와 함께 그는 폭발적으로 달려 나간다. 시선을 다음 주자에게 고정했다. 가능한 한 빠르게 다음 주자에게 도달하려고 모든 에너지를 발산하고 있다.

첫 번째 주자가 다음 주자 근처에 도달할 즈음, 두 번째 주자도 살살 달리기 시작한다. 첫 번째 주자는 달려 나가고 있는 두 번째 주자에게서 너무 멀어져 실격 처리가 되기 전에 그에게 도달하려고 안간힘을 쓴다. 그는 손을 뻗어 배턴을 떨어뜨리지 않고 확실하게 다음 주자에게 전달한다.

두 번째 주자 역시 배턴을 전달받자마자 세 번째 주자를 향해 전력으로 질주한다. 지친 첫 번째 주자는 자신의 역할은 마쳤지만, 계속해서 긴장한 모습으로 다음 주자들이 펼치는 경기에 집중한다. 지금까지 자신의 수고가 헛되지 않도록 기도하는 첫 번째 주자는 계속해서 흥분된 상태를 유지한다.

이 유쾌한 흥분은 마지막 주자가 배턴과 함께 결승선을 통과할 때 최고조에 달한다. 첫 번째 주자는 좋은 결과를 거두었고, 그의 동료 주자들도 배턴을 떨어뜨리는 실수 없이 끝까지 완주했다. 그래서 첫 번째 주자는 정말 기뻐했다.

영적 이어달리기 경주

만약 지금까지 내가 설명한 이어달리기 경기를 직접 본 적이 있다면, 당신도 경기장을 둘러싼 긴장감을 느꼈을 것이다. 만약 당신이 응원하던 팀이 배턴을 놓쳤다면, 이 경기가 패배로 끝나리라는 생각 때문에 낙심할 것이다. 단지 몇 분이면 끝나는 달리기 경기를 보면서 모든 기대와 에너지를 쏟지만, 다음 경기가 시작되면 곧 이 열정은 잊힐 것이다.

이 이어달리기와 비슷한 경주에 부모 역시 참여한다. 하지만 부모가 참여하는 경주는 다른 어떤 것보다도 훨씬 더 위대하다. 이 경주는 우리의 자녀가 완주하여 영원한 상을 받느냐, 받지 못하느냐를 결정하기 때문이다. 다음세대들이 이 경주에 참여할 때, 첫 번째 주자인 부모의 헌신과 노력은 정말 중요하다.

이 경주에서 배턴은 예수 그리스도를 믿는 믿음(손이 아닌 마음으로 물려주는)을 의미한다. 이 경주의 목적은 믿음의 배턴을 부모의 마음에서 다음세대의 마음으로 전달하는 것이다. 모든 믿음의 부모가 양육의 경주를 시작하기 전에, 우선 준비하고 훈련하여 영적인 근육을 최고 상태로 만들고 유지하는 것이 핵심이다.

첫째 아이의 출산이 가까워질수록 부모는 출발선에서 신호를 기다리며 준비한다. 영적인 삶이 잘 준비된 상태로, 아이가 태어난 순간 출발선에서 폭발적으로 달려 나가야 한다. 태어나는 순간부터 자녀는 부모의 품에서 벗어나 달려 나가려고 하기 때문에(이를 곧 성장이라고 부른다) 준비를 잘하는 것은 매우 중요하다. 모든 부모가 이구동성으로 '품 안의 자식'이었던 때가 너무 빨리 지나갔다고 말한다. 부모들이 "병원에서 아이를 낳고 돌아온 게 엊그제 같은데, 벌써 아이는 자기 인생을 살고 있네"라고 말하는 것을 들어봤을 것이다.

자녀가 출생한 순간부터 부모는, 자녀의 마음에 신앙을 전수하는 일, 이 하나의 목적을 성취하기 위해 전력을 다해야 한다. 두 번째 주자인 자녀가 인생의 트랙에서 너무 멀리 가기 전에, 자녀의 마음에 믿음의 배턴을 단단히 전달하려고 애써야 한다. 통계 자료에 따르면, 연령대가 높아질수록 예수 그리스도와 인격적인 만남을 경험할 확률이 낮아진다고 한다. "그 후에 일어난 다른 세대는 여호와를 알지 못하며 여호와께서 이스라엘을 위하여 행하신 일도 알지 못하였더라"고 기록한 사사기 2장 10절 말씀을 볼 때마다, 우리는 부모들이 그 믿음의 배턴을 어딘가에서 떨어뜨렸다는 사실을 깨닫는다.

일단 배턴이 다음세대에게 확실하게 전달되었다고 해도, 신앙 전수에 대한 부담은 계속된다. 부모는 두 번째 주자인 자녀가 세 번째 주자인 손주에게 믿음의 배턴을 잘 전달하도록 기도하고 격려해야 한다. 마침내 자녀에게 믿음의 배턴을 잘 전달하고, 또 손주가 진리 안에서 걸어가는 것을 볼 때, 그 승리에서 오는 기쁨을 경험할 것이다!

이 경주의 비유는 오늘날 다음세대를 향한 교육 방법과 부모들의 자세를 다시 한번 점검하고 반성할 기회를 제공한다. 이어달리기의 중요성을 이해하고 있는가? 지금 하나님이 주신 그 과제를 잘 이해하고 있는가? 또한 그 과제를 성공적으로 완수하기 위해서 헌신하고 있는가?

알다시피 이 과제를 수행하기 위해서는 부모의 깊은 관심과 헌신적이 노력이 필요하다. 사사기 2장 10-14절은 이스라엘이 자녀에게 하나님께 순종하도록 가르치는 것을 실패한 결과로, 약속의 땅을 잃어버리게 되었다고 기록한다. 버켓은 "때로 자녀를 세상 문화에 빼앗기는 주된 원인 중 하나는 역사의 전체 흐름을 알지 못하고, 오늘날의 문화가 전달하는 내용이 하나님의 말씀과 매우 다르다는 것을 인식하지 못하고 있기 때문이다"[13]라고 분석했다.

오늘날 여호수아같이 담대한 부모가 필요하다. 여호수아 24장 15절에서 여호수아는 "나와 내 집은 여호와를 섬기겠노라"고 선언한다. 여호수아는 자신의 가정 전체가 여호와를 섬기려고 '노력해보겠다'고 하지 않고, "섬기겠노라"고 했다. 월킨슨에 따르면, '노력한다'는 말은 그런 식으로 되지 않을 수도 있다는 가능성을 내포한다고 한다. 즉 가능한 일은 모두 시도해보겠지만, 자녀의 행동을 다 책임질 수는 없다는 뜻이다.[14]

내가 앞에서 말한, 미적분 수업에서 있었던 일을 기억하는가? 교수는 과제를 그때그때 점검하지 않았다. 몇 주 동안 과제를 받지 않았다고 해도, 교수는 학생들이 과제를 계속 수행하기를 기대했다. 하나님이 부모들에게 주신 과제도 이와 같다. 그분이 언제 과제를 평가하실지는 모르지만, 부모는 매일 성실하게 그 책임을 다해야 한다. 분명한 점은 하나님이 위임하신 과제를 마침내 거두고 평가하실 때, 당신은 그분의 평가 기준에 놀랄 것이라는 점이다. 학벌이 어떤지, 어떤 직업을 가졌는지, 수입이 얼마인지, 얼마나 비싼 집과 차를 소유했는지는 그분의 관심사 밖에 있다. 하나님은 당신이 그분을 얼마나 친밀하게 알고 사랑하는지, 성실하게 그분의 말씀에 따라 살았는지에 더 깊은 관심을 보이실 것이다.

왜 부모는 경건한 자녀를 양육해야 할 하나님의 과제를 완수하지 못하는가? 이 질문에 윌킨슨은 다음과 같이 말했다. "당신이 당신 자신에 관해 깊이 생각해본다면, 자녀를 경건한 하나님의 자손으로 기르는 일에 헌신하지 않는 이유를 알게 될 것이다. 그것은 바로 당신이 하나님 외에 다른 신을 섬기고 있기 때문이다. 당신이 거룩한 자녀를 키우는 데 온 힘을 다하기보다 하나님이 원하지 않으시는 무언가를 찾고 있기 때문이다."[15]

최근 나에게 일어났던 일을 소개하려고 한다. 기독교 학교를 후원하는 텍사스의 한 교회에서 '경건한 자녀 양육'이라는 주제로 설교해달라는 요청을 받았다. 주일 아침 설교 전에 로린이라는 한 여성이 간증을 했다. 그날 그녀가 간증한 내용이 너무 감동이 되어서, 나는 그 내용을 이 책에 소개해도 되겠느냐고 물었고, 그녀는 너그럽게 동의해주었다.

8년 전에 남편과 나는 우리 자녀를 이 학교에 보내기로 결정했습니다.

우리는 "너희는 먼저 그의 나라와 그의 의를 구하라 그리하면 이 모든 것을 너희에게 더하시리라"는 마태복음 6장 33절 말씀을 바탕으로 이 결정을 내렸습니다. 이것은 삶에서 하나님을 우선으로 삼으면, 우리 자녀에게 필요한 모든 것이 우리의 불완전한 계획이 아닌 하나님의 완전한 계획에 따라 충족되고, 그들에게 주어질 것이라는 의미입니다.

또한 로린은 일곱 살 된 쌍둥이 딸 중 둘째인 키튼의 1학년 담임 선생님 클라우젠과 통화한 내용을 내누었다.

클라우젠 선생님은 딸아이의 시험 성적이 저조하다는 것에 책임을 느끼고 무척 불편해하셨어요. 그래서 저는 선생님께 이렇게 말씀드렸죠. "클라우젠 선생님, 제 아이에게 하나님의 말씀을 사랑하라고 가르치셨나요? 그러셨죠. 그리고 예수님을 찬양하고 예배하라고도 가르치셨고요? 당연히 그러셨겠죠. 또 선생님은 하나님의 사랑으로 제 딸을 사랑해주셨나요? 사실 늘 그러셨죠. 그렇다면 선생님과 제 딸은 모두 성공적인 한 해를 보낸 거예요. 저는 우리 아이 시험 성적을 걱정하지 않습니다." 저는 정말로 걱정하지 않습니다. 왜냐하면 하나님께서 딸의 삶을 위해 완전한 계획을 세우셨고, 제 딸에게 필요한 모든 것을 채워주시리라는 믿음이 있기 때문입니다. 시험 점수는 하나님나라에서 중요하지 않습니다. 그래서 저 스스로 딸아이의 시험 점수를 걱정하지 않는다고 고백했을 때 정말 기뻤습니다. 시험 점수는 삶에서 정말 작은 부분이기 때문입니다. 물론 저와 생각이 다른 분도 있겠지만, 시험 성적은 그리스도를 아는 것과 비교하면 사소한 일일 수밖에 없습니다.

이 고백을 기독교 학교에 자녀를 보내는 부모의 전형적인 간증이라고 여길 수도 있다. 그렇지만 키튼의 어머니의 간증을 소개한 이유는 유명 라디오 프로그램 〈더 레스트 오브 더 스토리〉(The Rest of the Story)의 진행자인 폴 하비가 전한 말 때문이다. 이 예배가 있기 불과 몇 주 전 어린 키튼은 사고로 목숨을 잃었다. 로린과 선생님이 나눈 대화는 이 사고가 있기 몇 주 전에 있었던 것이다.

그녀는 계속해서 간증을 들려주었다.

주님이 키튼의 죽음을 준비하시면서, 여러 해 동안 우리 아이들을 이 학교에서 하나님의 말씀과 진리로 흠뻑 적셔주신 것에 감사합니다. 학업도 중요하지만 가장 어두운 시간을 이겨내도록 지켜준 것은 하나님의 말씀이었습니다.

남편 캐머런은 단 한 번도 키튼의 손길을 느낄 수 있는 노트나 그 아이가 남긴 물건과 책에서 위로를 얻고 삶을 지탱하지 않았습니다. 우리에게 진정한 위로와 힘, 희망과 평안 그리고 기쁨을 준 것은 오직 하나님의 말씀뿐이었습니다.

삶은 녹록지 않습니다. 그래서 자녀가 다가올 폭풍우에 대비할 수 있는 모든 것을 주기를 원합니다. 이 학교가 우리 아이들을 잘 준비시켜주었다고 확신합니다. 교육 과정도 훌륭했지만, 위대한 영적 기초를 세울 수 있게 해주었습니다.

그래서 아이들은 그들의 작은 세상이 흔들리고, 꿈이 산산조각 나 삶이 무너지더라도 자신들이 무엇을 해야 하는지 압니다. 그럴 때 기도하라고 배웠습니다. 또 무엇을 믿어야 할지도 잘 알고 있습니다. 하나님의 약속을 배웠기 때문입니다. 그리고 누구를 의지해야 할지도 알고 있습니다. 예수 그리스도의 복음을 들었기 때문입니다.

로린은 하나님이 주신 자녀 양육 과제에 대해 확실히 이해하고 있었고, 언젠가 하나님이 평가를 위해 그 과제를 제출하라고 요구하실 것이라는 사실도 알았다. 그래서 그녀는 다음과 같이 말한다.

여러분과 마찬가지로 저도 자녀가 학업에서 뛰어난 성적을 얻기를 바랍니다. 그러나 성적이 첫 번째 우선순위가 될 수는 없습니다. 정말 소망하는 것은 자녀가 하나님을 아는 것입니다. 그리고 하나님이 연약한 자에게 힘을 주시고, 합력하여 선을 이루시며, 슬픔을 기쁨 되게 하시는 분임을 알기 바랍니다. 또한 아이들이 구원자이신 예수 그리스도를 만나기를 바랍니다.

학교에서 더하기, 곱셈뿐만 아니라 물고기와 보리떡으로 수천 명을 먹이신 예수님을 배울 수 있다는 사실에 감사합니다. 이 세상과 창조물에 대해서도 배우고, 이 모든 것을 창조하신 창조주 하나님을 깨달을 수 있어서 좋습니다. 언어와 언어의 구조도 배우고, 언어를 통해 말씀하시는 하나님을 알 수 있어서 감사합니다.[16]

정말로 다음세대는 하나님이 부모에게 부여하신 거룩한 과제다. 거룩한 백성으로 다음세대를 가르치고 양육하는 것이 그 과제의 궁극적 목적이고, 한 가정의 최우선 순위가 되어야 한다. 당신은 어떻게 당신에게 주어진 하나님의 과제를 수행할 것인가?

_____
_____
_____

관계가 결핍된 규칙은
반항을 낳는다.
분노는 관계를 파괴한다.

6장.   가정에서 이루어지는 교육 과정

잠언 22장 6절 말씀은 가장 친숙한 성경 구절 중 하나다. "마땅히 행할 길을 아이에게 가르치라 그리하면 늙어도 그것을 떠나지 아니하리라." 아마도 대부분 부모가 이 말씀을 자신의 자녀를 향한 언약으로 간주할 것이다. 이 말씀은 짧지만, 다음세대 교육에 관한 많은 의미를 담고 있다. 하지만 우리는 자주 자녀에게 그들이 마땅히 행해야 할 삶의 방식대로 훈련하기만 하면, 당연히 그렇게 살아줄 것이라고 해석하는 경향이 있다.

잠언 22장 6절에 나온 '가르치다'(Train up)는 단어는 의미가 다양해서 단번에 그 의미를 규정하기는 어렵다. 이것은 원래 출산을 돕는 산파의 행동을 표현하는 단어다. 산파는 자신의 손가락을 매실액에 깊이 담근 후 신생아의 잇몸에 문지른다. 그러면 새콤달콤한 맛이 신생아를 자극해서 결국 엄마의 젖을 찾도록 유도한다. 바로 그때 산파는 엄마의 품에 아기를 안겨주고 젖을 먹이도록 한다. 산파의 이와 같은 행동은 신생아가 필요한 영양분을 공급받아 생명을 유지할 수 있게 하는 중요한 일이다. '가르치다'라는 단어는 이와 같은 산파의 행동에서 유래한 것이다.

갓 태어난 생명을 유지시키는 산파의 역할을 하는 것이 바로 부모다. 부모로서 우리는 다음세대가 영적 영양분을 갈망하도록 그 책임을 다하는 것이 중요하다. 나는 한 목회자가 잠언 22장 6절을 다음과 같이 해석한 것을 본 적이 있다. "자녀를 주님께 드리십시오. 그리고 그 아이 안에 참된 지혜를 찾고자 하는 열정의 마음을 창조하십시오. 그러면 아이가 자라고 나서 주님과 동행하는 삶을 살 것입니다." 갓 태어난 아이가 이 세상을 만나는 순간, 산파가 아이의 잇몸을 문질러주듯이, 부모는 하나님의 것들로 자녀의 마음과 생각을 말랑하게 만들어줄 필요가 있다. 자녀에게 하나님의 말씀을 읽어주는 일은 언제 시작해도 절대 이르지 않다. 어릴 때 하나님을 향한 갈급한 마음을 품도록 양육하지 않았는데, 어떻게 그 아이가 성인이 되고서 갈급한 마음을 품을 수 있겠는가? 오버먼은 "만약 부모가 자녀에게 하나님을 인정하는 것을 교육하지 않는다면, 반대로 자녀가 하나님을 무시하도록 가르친 것과 같다"라고 말하며 유아 시기부터 하나님을 사랑하도록 교육해야 한다고 강조한다.

다음세대를 가르친다는(Training up) 의미는 평생 이루어지는 과정임을 포함한다. 하나님나라 교육도 평생 교육을 지향한다. 다음세대를 가르치고, 교육하는 과정은 태어나는 순간부터 시작되어, 성숙해질 때까지 평생 이루어지는 과정임을 잠언 22장 6절을 보면 알 수 있다. 심리학자들은 사람의 인생에서 처음 5년이 그의 경험과 교육에서 가장 중요한 시간이라고 주장한다. 그렇다고 해서 부모가 맡은 교육적 책임이 자녀가 학교에 입학하면 끝나버리는 것은 아니다. 자녀가 자기 삶에서 개인적으로 하나님을 알기 원하는 마음과 열정을 품도록, 우리는 일관적이고 지속적인 교육 방식을 유지해야 한다.

교회에 출석하는 부모들이 자녀를 기독교 유치원에 입학하게 하고서는, 그다음 12년은 공교육을 받게 하는 것이 흥미롭다. 그 후 다시 자녀를 기독교 대학에 입학하게 하고, 모든 교육 과정을 마치고 졸업한 뒤에 예수 그리스도를 섬길 준비가 되길 기대한다. 그러나 다음세대를 향한 하나님의 계획은, 자녀가 성장하는 전 과정에서 단절 없이 풍성한 성경 진리를 배우고 경험하는 것이다. 그러므로 청소년기 전후의 우리 자녀에게 동일한 열정으로 하나님 진리의 말씀을 제시해야 한다.

이러한 교육 과정에서는 또한 하나님이 우리 자녀를 창조하신 각각의 모습에 따라 교육할 것을 요구한다. 잠언 22장 6절에서 "마땅히 행할 길을 아이에게 가르치라"는 부분을 "그들 고유의 방식으로"로 번역하는 것이 더욱 적절할 수 있다. 각 자녀는 하나님이 만드신 독특한 존재다. 그리고 타고난 소질이나 성향에 따라 학습이 이루어질 것이다. 이 학습 과정은 변화 없이 계속 이루어져야 하고, 하나님이 부여하신 독특한 능력과 재능에 따라 지속되어야 한다.

우리 자녀를 교육할 때 적절한 균형을 유지하는 것이 중요하다. 훈계는 예방적이고 교정적이어야 한다. 잠언 22장 6절과 3장 12절은 자녀 양육에 관련된 이 두 갈래 접근 방식을 강조한다. 그림 6.1은 훈련 과정의 중요한 측면을 보여준다. 이 그림은 자녀를 양육할 때 교정

수단의 사용에 관해 다룬다. 또 어떻게 자녀의 내적 통제력(자기 통제)이 외적 통제력과 균형을 유지할 수 있는지도 보여준다. 하나님나라 교육이 지향하는 목적은 한 개인을 평생 어떤 통제 아래 있게 하고, 그 통제에서 벗어나지 않게 하는 것이다. 하나님은 믿는 자들이 성령의 다스림 아래서 하나님의 통제를 받기를 원하신다.

그림 6.1에 따르면 갓 태어난 자녀는 내적 통제력을 수행할 능력이 전혀 없기 때문에, 부모는 반드시 외적 통제력을 자녀에게 행사해야 한다. 하지만 자녀가 성장하고 성숙해짐에 따라 내적 통제력이 증가한다. 이에 따라 부모도 외적 통제력을 행사하는 것을 줄여야 한다. 삶 전반에 걸쳐 자녀의 성장과 성숙이 지속적이고 규칙적으로 일어난다면 정말 아름다울 것이다. 불행하게도 모든 자녀가 실수를 저지르고, 부적절한 내적 통제를 드러내기도 한다. 이러한 일이 발생했을 때, 즉 내적 통제력이 잘 발휘되지 못했을 때, 부모는 외적 통제력을 발휘

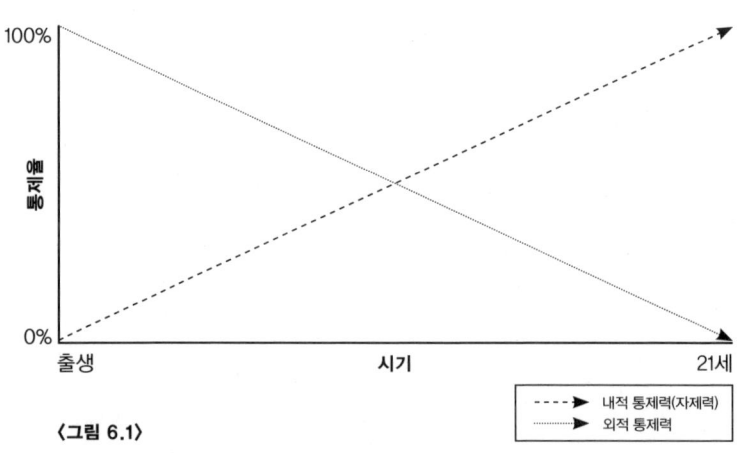

〈그림 6.1〉

해야 한다. 그림 6.2는 이와 같은 상황을 설명한다. 여기서 내적 통제력의 결핍에 상응하는 외적 통제력을 행사하는 것이 핵심이다. 만약 내적 통제력과 외적 통제력을 과소평가하거나 균형을 잃어버린다면, 자녀를 과잉보호하게 되거나 반대로 과도하게 억압하는 방식으로 양육하게 될 수 있다. 이 두 극단은 자녀에게 상처를 주고, 성숙의 과정을 지연시킬 것이다. 훈육을 통해 자녀를 교정할 때, 반드시 부모의 사랑하는 마음이 중요함을 기억해야 한다. 어린 자녀를 올바르게 양육하기 위해서는 사랑의 매가 필요하다. 잠언 말씀에도 이런 교정 방식이 필요하다고 나와 있다. 하나님은 매를 아끼는 부모가 자녀를 망친다고 말씀하셨다. 자녀를 훈육하는 방법 가운데 사랑을 매를 드는 것은, 오늘날 현대 아동 전문가들에게 매우 어리석은 방법으로 보일 수도 있다. 그러나 하나님나라 교육은 성경 말씀에 기반을 두기에, 자녀를 교정하는 훈육 과정에서도 하나님 말씀에 순종해야 한다.

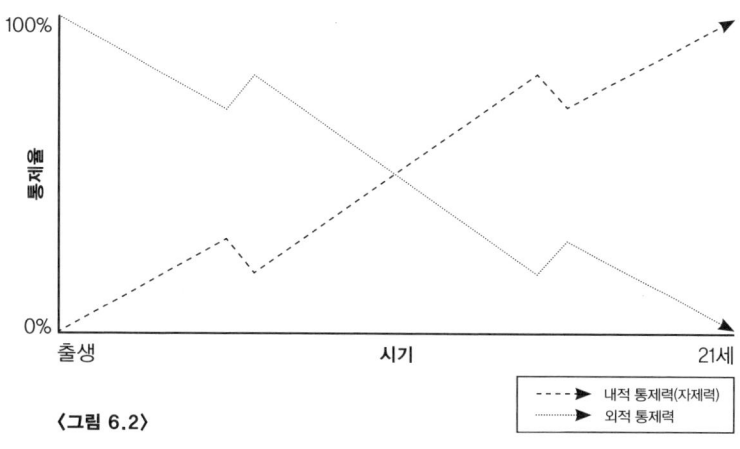

〈그림 6.2〉

자녀를 양육할 때 고려해야 할 두 가지 원리가 있다. 이 두 원리는 우리 자녀를 학대하지 않도록 보호할 것이다. 또한 우리 자녀가 예수 그리스도 안에서 성숙해질 때 필요한 사랑의 교정을 올바르게 할 수 있도록 도와줄 것이다. 두 가지 원리는 다음과 같다.

1. 진정한 관계가 결여된 통제는 반항을 야기한다.
2. 분노는 친밀한 관계 형성을 방해한다.

지금도 교사로서 강단에 섰던 첫날을 생생하게 기억한다. 대학을 갓 졸업한 후 나는 뉴욕에 있는 공립고등학교에 과학 교사로 임용되었다. 그 당시 과학적 지식은 충분하다고 자부했으나, 교육학 과목을 미처 이수하지 못했기 때문에 수업하는 것이 못내 부담스러웠다. 긴장한 기색이 역력한 나에게 교장 선생님은 권위가 담긴 말투의 필요성과 수업 관련 규칙을 학생들에게 역설해야 할 필요성에 대해 충고했다. 교실로 들어가보니, 책상 35개가 놓여 있었다. 나는 한 반에 학생이 25명 정도라는 이야기를 들었다.

수업을 알리는 종이 울리기 전까지 2-3학년 학생들이 하나둘씩 교실로 들어왔다. 나는 재미있는 사실을 발견했다. 교실로 들어오는 학생 중에 나보다 덩치가 큰 학생도 있었고, 심지어 나보다 더 나이 들어 보이는 학생도 있었다! 어떤 학생의 수염은 내 것보다 더 길었다. 학생이 늘어날 때마다 나는 점점 더 경직되었다.

마침내 출석부에 있는 학생 25명이 모두 와서 교실 문을 닫으려고 했지만, 또 다른 학생들이 교실 안으로 들어오기 시작했다. 결국 빈 책상 없이 모든 자리에 학생들이 앉았다. 나는 이제 정말 끝났을 것으로 생각하고 수업을 시작하려는데, 수업 종이 울리고 학생들이 더 들어왔다. 그래서 정원보다 많은 학생 49명이 교실 안에 꽉 찼다. 나는 신입 교사의 수업 능력을 평가하려는 듯이 말똥말똥 나를 쳐다보는 학생들 앞에서 수업을 해야 했다.

너무 당황스러웠지만, 교장 선생님의 조언을 떠올리고는 매우 크고 근엄한 목소리로 앞으로 수업 종이 울리고 난 후에 도착해서 앉을 자리가 없는 학생은, 학교 사무실에 가서 직접 자신의 책상과 의자를 가지고 와야 한다고 설명했다. 그리고 큰 소리로 출석을 부르며 알파벳 순서대로 학생들을 자리에 앉게 했다. 책상과 의자가 없는 학생들은 교실 뒤쪽에 앉게 했다.

그리고 첫 수업이었기에 규칙이 적힌 인쇄물을 나눠주며, 억압적인 목소리로 그 내용을 설명하기 시작했다. 수업을 마칠 때까지 이러한 분위기는 계속되었고, 수업이 끝난 뒤 모든 학생이 한 줄로 질서 있게 교실을 나가도록 주의를 주었다. 그리고 모든 학생이 교실을 떠났을 때 나는 이렇게 생각했다. '가르치는 것은 쉬운 일이구나. 앞으로도 잘할 수 있겠지. 결국 모든 학생을 잘 통제했어. 수업 시간 내내 어떤 학생도 떠들지 않았어.'

첫 수업처럼 두세 번째 수업 시간에도 이런 과정을 반복하고 같은 결과를 얻었다. 그런데 점심시간에 프랑스어 선생님이 찾아와서 나에게 수업에 대해 물었다. 나는 모든 것이 완벽하게 진행되었다고 대답했다. 그리고 내가 프랑스어 수업에 관해 묻자 그녀가 이렇게 답했다. "저는 오전 내내 학생들에게 화학 수업을 포기하지 말라고 설득해야 했어요!" 그 즉시 내가 수업 진행과 규칙 설명에 얼마나 집착했는지, 심지어 학생들의 이름조차 물어보지 않았다는 사실을 깨달았다. 수업 내내 학생들이 조용히 있었던 것은 일종의 반항이었다. 학생들은 내 수업을 포기하기로 했던 것이다.

다음 날 나는 제일 먼저 학생들의 이름을 묻고 부르며 수업을 시작했다. 그런데 이름이 에스(S) 자로 시작하는 학생이 디(D) 자로 시작하는 학생이 앉아야 할 자리에 있는 것을 보고, 그 이유를 들었을 때 정말 놀랐다. 이름이 디(D)로 시작하는 학생은 아무도 없었지만, 그 여학생은 내가 화를 낼지도 모른다는 생각에 두려워서 어쩔 수 없이 그 자리에 앉아 있었던 것이다. 이처럼 친밀한 관계 형성이 되지 않은 상태에서 규칙을 강제하는 것은 교육 대상자의 반항을 일으킨다.

두 번째 원칙인 '분노는 친밀한 관계 형성을 방해한다' 역시 중요하다. 만약 감정을 통제하지 못하고 분노로 훈계한다면 결국 친밀한 관계는 형성될 수 없다. 나에게 다시 이런 일이 일어난다면, 당연히 학생과 친밀한 관계를 형성하지 못하고 오직 규칙만 존재하는 상태가 되고 말 것이다. 그러므로 부모와 교사는 반드시 자녀와 학생과 친밀한 관계를 형성해야 한다. 친밀한 관계가 형성되면 아이들은 절대 그 규칙에 반항하지 않을 것이다. 또한 훈육을 통해 학생을 교정해야 할 때, 분노로 하지 않게 될 것이다. 만약 분노로 교정한다면, 결국 우리 자녀를 양육하는 데 매우 중요한 요소인 관계성이 파괴될 것이다.

이 장을 마무리하면서, 현재 섬기고 있는 교회의 목사님이 어느 주일에 가르쳐준 내용을 함께 나누고자 한다. 목사님은 모든 부모가 자녀에게 필요한 것을 줘야지, 그들이 원하는 것을 줘서는 안 된다고 충고했다. 계속해서 목사님은 모든 자녀에게 충족되어야 할, 성경에 기반을 둔 세 가지 기본 요구에 관해 나누었다. 부모가 공급해야 할 그 세 가지 필요는 다음과 같다.

1. 그리스도 예수가 주시는 사랑과 같은 사랑
2. 성령의 다스림 안에서 이루어지는 교육
3. 성경에 근거한 훈육

교육 과정은 부모와 자녀 모두에게 어려운 일이다. 그러나 또한 그 과정은 하나님의 계획 안에서 매우 보람 있는 일이기도 하다. 하나님나라 교육은 가정에서 출발하는, 일차적 책임이 부모에게 있는 교육 과정이다. 하나님은 한 가정의 아버지와 어머니 모두가 자녀 교육에 참여하길 원하신다. 보통 아버지들은 가정의 경제 활동만 전담하고 자녀 교육은 어머니에게 떠넘겨버린다. 하지만 하나님은 다음세대에게 최선의 것을 주기 위해서는 아버지와 어머니 모두 서로 협력해야 한다고 말씀하신다. 다음세대 교육을 향한 하나님의 계획에 따라 부모가 자신의 책임을 충실히 이행하면, 그분은 그 교육 과정을 도와줄 다른 사람들을 붙여주실 것이다.

우리가 자녀에게 줄 수 있는
가장 좋은 선물은
가정과 학교에서 성경적 세계관을
가르쳐주는 교사들이다.[1]
_글렌 슐츠

7장.　　　　자녀 교육을 위한 조력자를 찾는 원리

2부를 마무리하기 전에, 자녀 교육에 도움이 필요한 부모를 위해서 나의 개인적인 견해를 나누고자 한다. 의심할 여지 없이 당신은 '한 아이를 키우려면 온 마을이 필요하다'는 말을 들어봤을 것이다. 하지만 이 개념은 하나님의 관점에서는 사실이 아니다. 성경적 관점에서 가정은 다음세대를 교육하는 데 필요한 전부다. 그러나 대다수 부모는 온전히 자신들의 힘으로만 자녀를 교육하려 하지 않는다. 자녀를 교육하는 데 도움을 줄 누군가와 관계를 발전시키기를 바란다.

모든 부모는 집에서 자녀를 양육하는 일종의 홈스쿨 교사다. 그리고 점점 더 많은 그리스도인 부모가 학교가 아닌 집에서 자녀를 교육하는 홈스쿨을 하기로 결정하고 있다. 이들은 자녀를 성경의 원리에 따라 교육하도록 하나님이 자신들에게 모든 책임을 부여하셨다고 믿는다. 그래서 가정에서 이 교육적 과정을 수행하고자 어떤 희생이든 기꺼이 치를 각오가 돼 있다.

홈스쿨을 하는 가정의 수가 증가하기는 하지만, 대다수 부모는 자녀 교육을 위해 자신들을 도와줄 가정 밖 파트너를 선택할 것이다. 하지만 누구를 자신들의 교육 도우미나 파트너로 선택할지는 매우 염려하면서, 정작 그 파트너를 선택하는 근본 원리에는 관심을 기울이지 않는다. 물론 대다수 그리스도인 부모는 도움을 줄 수 있는 사람을 많이 고민하여 선택한다. 예를 들어, 어느 교회에 출석할지 결정할 때 우리는 기도하며 하나님의 뜻을 찾는다. 하지만 출석 교회를 선택하는 문제는 자녀 교육의 파트너를 찾는 과정에서 고려해야 할 한 가지 측면일 뿐이다. 그리스도인에게 교육 파트너를 찾을 때 필요한 중요한 원리가 하나님 말씀에 나와 있다. 몇몇 성경 구절은 거짓 교사와 교리가 우리와 자녀에게 영향을 줄 수 있다고 경고한다.

나는 주일학교에서 암송했던 시편 1편 1절을 깊이 묵상한 적이 있다. 이 짧은 구절에서 발견한 진리는 나에게 신선하고 심오하게 다가왔다.

복 있는 사람은 악인들의 꾀를 따르지 아니하며 죄인들의 길에 서지 아니하며 오만한 자들의 자리에 앉지 아니하고(시 1:1).

이 말씀은 우리가 악한 자의 충고와 조언 듣는 것을 원하지 않으신다는 사실을 명확히 알려준다. 또한 사악한 자의 교훈을 따를 때 일어날 수 있는 일들을 제시한다. 만일 우리가 악한 자의 충고를 듣는다면 결국 악인의 길에 서는 셈이 된다. 즉 세상 사람들과 별반 다를 바 없는 삶을 살게 될 것이다. 그리고 하나님을 무시하고 경멸하는 자들과 쉽게 동행하게 될 것이다.

나는 하나님이 주신 이 강력한 경고를 깊이 묵상하며, 누가 과연 악한 자일지 궁금했다. 말씀에서 악한 자의 충고를 피해야 한다고 가르치므로, 그 악한 자가 누구인지 알아야 할 필요가 있다. 때로 그리스도인은 악인을 살인자, 강간범, 아동 성범죄자 같은 비도덕적인 사람일 것으로 생각한다. 그러나 하나님 말씀에서는 악인에 관해 이런 명확한 설명을 제시한다. "악인은 그의 교만한 얼굴로 말하기를 여호와께서 이를 감찰하지 아니하신다 하며 그의 모든 사상에 하나님이 없다 하나이다"(시 10:4).

우리가 피해야 할 충고를 주는 악인은 도대체 누구인가? 그들은 교만하고, 하나님을 무시하며, 그 마음에 하나님을 위한 자리가 없는 자들이다. 악한 자들은 마치 하나님이 없는 것처럼 자신의 삶을 살아간다. 그가 바로 당신의 옆집에 사는 사람일 수도 있다. 겉으로는 그들이 멋있어 보일 수도 있다. 그러나 그들의 신념과 세계관은 하나님의 길과는 전혀 다른 것이다. 그러므로 그들의 교훈과 충고를 받지도 듣지도 말아야 한다.

누구에게 자녀 교육을 맡길지 결정하는 시기를 고려해보는 것도 적절한 자세다. 부모로서 나도 하나님을 구하거나 생각하지도 않는 사람에게 우리 아이 교육을 맡길 수는 없다. 그러나 자녀가 하나님의 가르침을 받을 수 있도록 최선을 다할 것이다. 자녀가 하나님 말씀 속에서 기쁨을 찾게 하는 것, 그리고 주야로 말씀을 묵상하는 마음을 품게 하려는 것이 궁극적 목적이다. 이것이 나에게도 어려운 일임은 틀

림없다.

　시편 1편 2절은 자녀를 양육하는 방법에 지대한 영향을 주는 성경 말씀이다. 그런데 우리는 너무 자주 이 가르침을 가정과 교회에만 적용하고, 자녀가 받아야 할 교육, 또는 소위 세상의 삶에는 거의 적용하지 않는다. 그러나 이 시편 말씀은 우리 자녀가 받게 될 모든 교육에 적용해야 한다. 그리스도인 부모들은 다음의 몇 가지 질문에 답해볼 필요가 있다. 누가 학교에서 우리 자녀를 가르치고 교훈을 주어야 하는가? 그들은 어떤 교과서로 가르치는가? 또 어떤 교육 과정을 따르는가? 그들이 하는 체육 활동은 무엇인가? 어떤 교육 매체를 통해서 교육받는가? 우리는 세상 사람들의 관점이나 세상의 관습에 근거해 이 질문들에 대한 답을 내서는 안 된다. 우리의 대답은 하나님 말씀과 일치해야 한다.

　요한이서 1장 10절에서 이와 비슷한 경고를 발견할 수 있다. 요한이서의 저자는 그리스도인들에게 예수 그리스도의 교훈과 반대되는 어떤 가르침도 가정에 들이지 말라고 경고한다. 만약 부모가 잘못된 영향력을 가정 안에 들인다면, 그것이 악한 일을 낳게 되리라는 사실은 명확하다.

　일단 마음으로 이 시편 말씀을 삶의 모든 영역에 적용하겠다고 결단했다면, 우리 자녀가 정규 교육을 받는 내내 경건한 가르침을 받을 수 있도록 하고자 필요한 모든 결정을 기꺼이 내려야 한다. 시편 1편에 담긴 진리를 깨닫는 일은 쉽다. 그러나 실행하기는 몹시 어렵다. 특별히 이것이 우리 자녀에 관한 문제가 되었을 때는 더욱 그렇다.

국기에 대한 맹세가 위헌이라는 최근 법원 결정에 문제의식을 느낀다. 이 위헌 결정이 난 이유가 "하나님 앞에서"라는 두 단어 때문이었다. 이 판결에 대한 반응은 신속하고 단호했지만, 우리는 법원이 내린 이러한 결정에 놀라지 말아야 한다. 이것은 하나님은 존재하지 않기 때문에, 그분에 대한 어떤 내용이든 삶의 공적인 영역에서 제거되어야 한다고 주장하는, 10년 이상 이루어진 인본주의 교육의 결과가 아닐까?

진화론을 과학적 사실로 교육한다면, 학생들은 초자연적 현상을 신화라고 믿게 될 것이다. 우리의 다음세대들이 상대주의와 주관주의, 관용주의에 따라 가르침을 받는다고 생각해보라. 이와 같은 가르침은 모든 믿음은 동등한 가치가 있고, 진리로 인정되어야 한다고 알려준다. 또한 하나님에 대한 신앙을 포함해, 모든 사람에게 보편적 진리로 인정되는 하나의 신앙은 없다고 가르친다.

의심할 여지 없이, 이 거짓 사상은 공교육에 스며들어 있고, 미디어 영역을 지배하며, 심지어 정치적 정책 결정에도 영향을 준다. 그러나 대다수 교회 부모와 교회 지도자는 계속 자녀를 이러한 형태의 가르침에 영향받도록 내버려둔다. 이제 시편 기자가 한 말에 주의를 기울여야 한다. 부모와 자녀를 위한 하나님의 교훈 안에서 기뻐할 때다. 비판 이전에 우선 우리의 마음을 점검하고 하나님의 방법과 반대되는 인본주의적 방법으로 우리의 자녀를 교육한 죄를 회개해야 한다.

교회 부모들에게 유익한 또 다른 성경 구절이 출애굽기 18장에 나온다. 어떤 점에서 모세는 이스라엘 백성 전체를 교육하려고 시도했었다. 이것은 정말 위대한 일이라고 생각한다. 하나님은 모세가 40년 동안 광야와 산에서 하나님의 일을 이루는 데 필요한 기질을 갖도록 인도하셨다. 이 겸허해지는 과정을 통해 모세는 삶의 모든 영역에서 하나님을 알고 신뢰하는 방법을 배웠다. 그 후 하나님은 세상의 창조 이후 일어난 가장 장엄한 한 가지 사건의 주역으로 모세를 초청하셨다. 이스라엘을 속박의 땅에서 약속의 땅으로 인도하기 위해 모세를 선택하신 것이다.

이 여정에서 모세는 자신이 미리 배웠던 것처럼 그 백성이 하나님을 신뢰하도록 노력했다. 모세는 이 사역에 혼신의 힘을 다했다. 그는 매일 새벽부터 저녁까지 앉아서 백성에게 하나님에 관해 가르쳤을 것이다. 모세의 장인, 이드로가 모세와 가족을 방문하는 동안 흥미로운 일이 일어났다. 어느 날 이드로가 모세와 함께 있을 때, 모세가 혼자서 감당하고 있던 일을 보고 놀라움에 휩싸인다. 그는 모세에게 "네가 이 백성에게 행하는 이 일이 어찌 됨이냐 어찌하여 네가 홀로 앉아 있고 백성은 아침부터 저녁까지 네 곁에 서 있느냐?"(출 18:14). 모세는 성실하게 "백성이 하나님께 물으려고 내게로 옴이라 그들이 일이 있으면 내게로 오나니 내가 그 양쪽을 재판하여 하나님의 율례와 법도를 알게 하나이다"(15-16절)라고 대답했다.

모세의 책임은 하나님이 부모인 나와 아내에게 주신 것과 비슷하다. 우리는 '하나님의 양육과 책망' 안에서 우리 자녀를 키울 책임이 있다. 나는 이 책임을 수행하면서 지쳤던 많은 날을 기억한다. 광야 시절, 모세처럼 우리 부부도 많은 일에 압도당했었다.

이드로는 모세에게 현명한 충고를 주었다. 17절에서 그는 모세가 가르치는 방식이 그리 좋지 않다고 말한다. 만약 모세가 계속해서 홀로 그 책임을 수행한다면, 마침내 그가 지쳐 쓰러지리라는 사실을 이드로는 알고 있었다. 요즘 말로 하면, 이드로는 모세가 번아웃하게 될 거라고 말한 것이다. 사실 모세가 지친다면 모든 이스라엘 백성 또한 지치게 될 것이다. 하나님을 가르치는 일은 한 사람이 감당하기에는 너무 벅차다. 그래서 모세는 도움이 필요했다.

모세에게 한 이드로의 충고가 모세의 모든 사역에 어떻게 적용되었는지를 보는 것은 매우 흥미롭다. 책임 위임의 개념은 바로 성경의 한 구절에 근거한다. 나는 리더십 수업에서 어떻게 내 책임을 위임하는지를 배웠다. 심지어 이드로가 모세에게 제시한 위임의 정도가 오늘날에도 척도처럼 사용된다. 수많은 사업 경영자가 자신에게 직접 보고할 수 있는 인원을 10명으로 제한하는데, 이 숫자는 이드로가 모세에게 제안한 것이다.

나도 삶의 수많은 무거운 책임에 직면해왔다. 과학 교사일 때는 매년 학생 100여 명의 수업을 책임져야 했고, 고등학교 교장이 되었을 때는 400명 이상의 학생뿐 아니라 교사들까지 이끌어야 했다. 그리고 교육감이 되고 나서는, 학생 1,400명과 교사 120명, 여러 직원에 대한 책임이 내 앞에 놓였다. 또한 100명 이상의 청년을 담당하는 목사로서도 섬겨왔다. 하나님은 국제 기독교 학교 협회(ACSI, The Association of Christian Schools International)에서 남동부 지역 담당자로 일하게 하셨다. 그 기간에 9개 주 600개 학교와 130,000명의 학생을 책임져야 했다. 현재 나는 홈스쿨링과 SBC(The Southern Baptist Convention)에서 새로운 사역 진행을 책임지고 있다. 각 사역이 너무 커서 혼자 감당하기가 힘들다. 그래서 사역을 도울 수 있는 이들을 선택해야 했다.

그러나 하나님이 주신 세 자녀의 아버지라는 책임이 지금까지 언급한 모든 책임을 합한 무게보다 절대 가볍지 않다. 단연코 이 직무는 삶에서 내가 짊어져야 할 가장 압도적인 짐이다. 내가 적절한 도움 없이는 다른 직무와 책임을 수행할 수 없는 것처럼, 어떠한 지원 없이는 자녀를 훈련하고 교육하는 책임을 완수하기 어렵다. 물론 이 책임을 아내와도 같이 나누었다. 예수 그리스도를 나의 구원자로 믿는 일을 제외하고, 지금의 신실한 아내와 결혼하는 것이 인생에서 가장 중요한 결정임을 분명히 알려주신 하나님께 감사드린다. 그런 의미에서 샤론에게 평생 나의 아내가 되어달라고 요청하자고 결단했을 때 사실 나는 자녀 양육에 도움을 줄 동역자를 선택한 것이었다.

그러면 아마도 지금 이런 의문이 들지도 모른다. '좋아. 그런데 가족이나 교회에서 말고 자녀 양육에 도움을 줄 사람을 어떻게 선택해야 하지?' 그 답을 같은 성경 구절에서 찾을 수 있다. 이드로는 모세에게 그의 책임을 위임해야 한다고 말하는 것 이상을 조언해주었다. 즉 적절한 자격을 갖춘 사람을 선택하라고 충고한다. 바로 이 과정이 오랫동안 교회와 가정 안에서 간과되었다. 이드로의 말을 들어보라.

이제 내 말을 들으라 내가 네게 방침을 가르치리니 하나님이 너와 함께 계실지로다 너는 하나님 앞에서 그 백성을 위하여 그 사건들을 하나님께 가져오며 그들에게 율례와 법도를 가르쳐서 마땅히 갈 길과 할 일을 그들에게 보이고 너는 또 온 백성 가운데서 능력 있는 사람들 곧 하나님을 두려워하며 진실하며 불의한 이익을 미워하는 자를 살펴서 백성 위에 세워 천부장과 백부장과 오십부장과 십부장을 삼아(출 18:19-21).

흠정역(KJV) 성경은 하나님이 주신 책임을 수행하는 모세를 도울 사람에게 필요한 3가지 자격을 나열한다.

1. 하나님을 경외함
2. 진실을 사랑함
3. 탐욕을 거부함

아내와 나는 부모로서 자녀를 교육할 때 이 원칙을 지키려고 노력했다. 또 자녀 교육에 도움이 되는 이 세 가지 자격을 갖춘 사람을 선택하려고 노력했다. 때로 부모들은 나에게 이렇게 말한다. "저한테는 저를 도와줄 사람을 선택할 자유가 없는걸요." 그러면 나는 이 말에 반박하며, 누구도 그 자유를 빼앗아갈 수 없다고 말한다. 즉 나 자신이 그 자유를 포기할지 말지를 선택할 수 있다. 자녀의 성장을 도울 사람을 신중하게 선택할 때, 어느 정도는 상응하는 대가를 치러야 했다. 주일학교 교사가 하나님을 가르치지 않았기 때문에 변화를 주어야 하는 경우가 있었다. 또 물질적인 대가를 치러야 할 때도 있었는

데, 우리 아이들을 가르치는 교사들이 이 세 가지 자질을 충족하도록 그리고 이들이 교실에서 가르치는 내용을 위해 추가 비용을 낸 적도 있다. 부모에게는 자녀 교육에 필요한 경건한 도움을 선택해야 할 책임이 있다. 한 그리스도인 지도자는 이 책임을 다음과 같이 말한다.

> 부모는 누구도 자녀에게 영향을 주지 않도록 자녀의 삶에 충분히 관여해야 한다…외부 영향력이 부모보다 자녀 성격 형성에 더 많이 영향을 끼칠 때마다, 그 부모는 자신의 교육적 의무를 다하지 못한 것이다…만약 우리가 경건하지 못한 방법으로 자녀의 성격을 형성하는 외부의 영향력에 자녀를 내맡긴다면, 하나님의 보좌 앞에서 우리는 그 실패의 책임을 져야 할 것이다.[2]

자녀가 스스로 성장할 때, 우리가 하나님 말씀에 쓰인 원리를 준수하려고 많은 가슴 아픈 일을 분담해야 한다는 사실을 인식해야 한다. 찰스 스윈돌이 쓴 『삶의 압박에서 벗어나기』(Stress Fractures)에서는 출애굽기 18장 19-21절 말씀을 하나님이 부여하신 책임 수행에 대한 압박에서 오는 삶의 균열을 피할 수 있는 열쇠로 간주한다.[3]

이 장을 요약한다면, 하나님나라 교육에서 가정은 당연히 가장 중요한 역할을 담당해야 한다는 것이다. 우리는 4가지 중요 원칙을 이 장에서 나누었다.

1. 부모는 경건한 자녀를 양육해야 하는 과제를 부여받았다.

2. 자녀 교육은 진리에 기반을 두어야 한다.

3. 이 과제의 궁극적인 목적은, 예수 그리스도를 구원자로 알고, 성경적 세계관에 따라 생각하고 행동하는 사람으로 자녀를 키우는 것이다.

4. 부모는 이 과제를 성취하도록 돕는 자로, 하나님을 경외하고 진리를 사랑하며 탐욕을 싫어하는 자를 선택해야 한다.

다음세대를 교육하는 하나님의 계획으로 하나님나라 교육을 생각한다면, 우리는 하나님이 알려주신 성경 원리에 변함없이 순종함으로써, 부모로서 이 중요한 역할을 성공적으로 감당할 수 있다.

3 교회의 역할

교회는 그리스도의 몸이다.
그리스도는 교회의 머리이시며,
교회는 이 세상에서 그리스도의 일을
감당하기 위해 존재한다.[1]
_진 밈스

8장. 교회의 중요성

교회는 하나님께 필연적으로 중요하다. 그러나 교회 역할의 중요성을 이해하기 위해서는 먼저 하나님나라에 대한 구체적 이해가 선행되어야 한다. 하나님나라는 성경에서 두 가지로 다르게 표현된다. 때때로 '천국'(하늘나라, Kingdom of heaven)으로 언급된다. 세례 요한과 예수님은 "회개하라 천국이 가까이 왔느니라"고 동일한 메시지를 선포하셨다.

다른 곳에서 하나님나라는 '하나님의 나라'(Kingdom of God)로 표현된다. 사도 바울이 로마서 14장에서 말한 것처럼, 마태복음 6장에서 예수님도 하나님나라에 대해 말씀하셨다. 하나님나라는 무엇인가? 이에 관한 논쟁은 지금까지 지속되고 있다. 하나님나라는 미래에 도래해서 이 세상에 실현되는 나라인가? 아니면 지금 여기에 실현되고 있는 나라인가? 예수님 시대를 살았던 사람들은 하나님나라를 로마 정권이 무너지고 세워질 실제적이고 물리적인 새로운 정부로 여겼다. 반면 바울은 하나님나라를 물리적 세상 그 이상이라고 말한다. 그는 이것이 개인의 삶에서 경험할 수 있는 영적인 통치(다스림)라고 덧붙였다.

앞서 2장에서 하나님나라를 이렇게 정의했다. "하나님나라는 하나님이 예수 그리스도를 통해서 사람들의 삶을 주관하고 통치하시는 것이며, 사람을 통해서, 사람 가운데서 하나님의 역사가 증명되는 것이다."[2] 이 정의에 따르면, 하나님나라는 현재 실현되고 있는 나라라는 사실을 알 수 있다. 지금 존재하는 하나님나라(통치)는 모든 믿는 자의 삶 속에서 하나님이 소망하시는 최우선 순위다. 마태복음 6장 33절에서 예수님은 "먼저 그의 나라와 그의 의를 구하라"고 요구하셨다. 무엇보다도 하나님은 나뿐 아니라 당신이 하나님나라를 구하기를 바라신다.

하나님나라는 하나님이 창조 세계를 통해 그분의 뜻을 이루시려고 무엇을 행하실지를 보여주는 큰 그림과 같다. 하나님은 그분의 나라 안에서 교회가 주된 역할을 담당해야 한다고 명령하셨다. 우리는 예수님이 하신 이 말씀을 익히 들었다. "내가 이 반석 위에 내 교회를 세우리니 음부의 권세가 이기지 못하리라"(마 16:18). 또한 교회는 그리스도의 신부로 정의된다. 하나님이 교회를 하나님나라 사역을 위해 매우 전략적 위치에 두셨다는 사실은 의심할 여지가 없다.

예수님은 교회를 위해 자신의 목숨을 주셨다. 이 굉장한 진리로, 하나님 앞에서 교회가 지닌 가치를 깨달아야 한다. 골로새서 1장 18절을 보면, 만물의 으뜸이 되게 하시려고 예수 그리스도를 교회의 머리로 놓으셨음을 알 수 있다. 믿는 자마다 교인이며, 교회의 다양한 부분을 구성한다. 고린도전서 12장에서는 교회를 사람의 몸으로 비유했다. 그리스도인들은 하나님의 거룩한 몸을 이루는 손과 눈, 다양한 지체다. 하지만 예수 그리스도만이 교회의 머리가 되신다는 사실을 잊어서는 안 된다.

비록 교회는 믿는 자들로 구성되지만, 하나님은 그분의 뜻을 이루는 도구로서 믿는 자들로 구성된 교회를 한 기관으로 세워오셨다. 오순절 성령 강림 이후, 계속해서 하나님은 모든 신자가 교회에 참여하는 것의 중요성을 강조하신다. 에베소서 4장 11절에서 바울은, 하나님이 교회를 견고히 세우시려고 어떻게 모든 신자를 각 은사에 따라 전도자나 목사나 교사로 쓰시는지 설명한다. 사도 바울은 여러 교회를 개척한 중요한 인물이다. 사도행전 2장 46-47절을 보면, 신자들이 교회 안에서 다른 믿는 자들과 매일 계속해서 교제했다는 사실을 알 수 있다. 이 점에 대해서는 10장에서 더 자세히 설명할 것이다.

하나님 말씀은 어느 날 예수님이 다시 오셔서 영원히 그분의 교회와 함께하실 것을 강조한다. 또 성경의 여러 구절에서 교회가 예수 그리스도의 재림을 준비하는 것의 중요성을 강조한다. 교회는 허물이 없고 순결하여, 예수님이 오셨을 때 그분의 신부로 서야 한다. 하나님 나라 교육과 교회와의 관계성을 토론할 때, 교회가 순결한 신부라는 이러한 원리를 명심해야 한다.

만약 하나님나라 교육이 제자 삼는 일과 주님의 재림을 위해 그들을 준비시키는 것을 목적으로 삼는다면, 교회는 신앙 고백을 위한 교육적 노력에 있어 최우선적 위치를 유지해야 한다. 그리고 그리스도인들이 적절한 교육을 받으면, 지역 교회의 신자가 되어야 할 필요성을 잘 인식하게 된다. 그들은 교회의 구성원이 될 뿐 아니라 교회에서 지체로서 섬기기를 소망하게 될 것이나. 믿는 자들은 교회에서 유용하게 사용될 자신만의 독특한 능력과 은사가 있음을 깨달을 것이다. 불행하게도, 오늘날 점점 더 많은 교회 신자가 교회 안에서 자신이 맡은 역할을 이해하지 못하고, 심지어 자신에게 주어진 영적 은사를 사용하지 않는다. 교회 안에서 신자들은 단지 참여자가 아니라 증인이 되어야 한다. 하나님나라 교육의 목적은 이렇게 잠자는 성도들을 깨워, 교회를 튼튼히 세우는 것이다.

미국의 통계 자료에 따르면, 교회를 출석하는 청소년 중 30퍼센트만이 고등학교를 졸업할 때까지 믿음을 지킨다고 한다.[3] 버킷은 "미국의 대규모 복음주의 교단에서 보고한 보고서에 따르면 교회 성도 한 명이 자신의 자녀에게 복음을 전하고 믿음으로 살게만 한다면, 그 교단은 현재보다 무려 4배 더 성장하게 될 것이다"[4]라고 언급하며, 다음세대 교육과 교회 성장의 연관성을 강조한다. 교회는 다음세대를 위해서 하나님나라 교육에서 중요한 역할을 감당해야 한다.

오늘날 대부분의 기관은 구체적인 사명 선언문을 만드는 것이 중요하다는 사실을 알고 있다. 왜냐하면 기관의 목표와 목적을 성공적으로 달성하도록 돕기 때문이다. 이와 마찬가지로, 하나님이 교회 안에서 그분의 백성을 한 기관으로 세우기로 하셨을 때도, 그 기관이 적절한 기능을 수행하도록 구체적인 사명 선언문을 주셨다. 이 선언문은 마태복음 28장 18-20절에 쓰여 있다. 예수 그리스도는 다음과 같이 선언하신다.

> 하늘과 땅의 모든 권세를 내게 주셨으니 그러므로 너희는 가서 모든 민족을 제자로 삼아 아버지와 아들과 성령의 이름으로 세례를 베풀고 내가 너희에게 분부한 모든 것을 가르쳐 지키게 하라 볼지어다 내가 세상 끝날까지 너희와 항상 함께 있으리라 하시니라.

교회를 위한 이 사명 선언문을 단순히 일상에서 교회를 운영하는 데 도움 되는 제안 정도로 생각해서는 안 된다. 그 대신 이것은 교회를 운영하는 근본적인 원동력이 되어야 한다. 또 교회의 모든 것을 평가하는 기준도 되어야 한다. 마지막으로, 교회 사명 선언문은 교회가 계획하는 모든 활동을 측정하고 평가하는 기본적인 기준이 되어야 한다. 하나님나라 교육은 이 사명 선언문이 최우선 순위가 되도록 구조화되고, 교육적 실천을 이루어야 한다.

교회는 자비로우신 하나님과
길을 잃은 인류 사이를
이어주는 하나님나라의 대리인,
즉 중개자다.[1]

_진 밈스

9장.　　　　　　　　　　　교회를 향한 지상명령

지금까지 다음세대 교육을 위한 하나님의 계획을 이해하기 위해, 교회의 역할에 관해 살펴보았다. 교회의 역할을 요약하면 다음과 같다.

- 하나님나라는 모든 그리스도인에게 최우선 순위다.
- 하나님나라는 오늘날 세계 가운데 행하시는 하나님에 대한 광범위한 관점을 제공한다.
- 하나님나라는 지상 교회에서 구체적으로 드러난다.
- 성도마다 교회를 구성하는 지체이고, 예수 그리스도는 그 지체의 머리가 되신다. 그래서 예수님은 교회에서 최우선의 자리에 계셔야 한다.
- 교회의 구성원인 믿음의 성도들은 각각의 은사에 따라 능동적으로 섬겨야 한다.
- 예수 그리스도의 지상명령은 교회 안에서 모든 사역을 이끌고 평가하는 사명 선언문이다.

지상명령을 주의 깊게 살펴본다면, 교육이 이 명령을 수행하고 성취하는 강력하고 주요한 도구라는 사실이 선명해진다.

교회에는 또 하나의 과제가 있는데, 그것은 바로 제자 삼는 일이다. 교회가 제자 삼는 사역을 감당할 때 진정으로 예수 그리스도의 제자를 양육하고 있는지 확실히 해야 한다. 교회와 교단 또는 교회 지도자만이 제자를 키우는 경향이 있다. 하지만 예수님은 자신의 권위에 따라 이 과제를 우리에게 부여하셨다. 그 권위는 완전하고 종합적이다. 예수님은 권위로 명령을 내리셨을 뿐만 아니라 자신의 권위가 세상 끝날까지 우리와 함께하리라고 약속하셨다. 교회가 예수님의 제자 삼는 일에 전념하는 한, 예수님의 사역이 성공적으로 수행되도록 그분의 권위가 항상 우리와 함께할 것이다.

하나님나라 교육의 정의와 관련해서 앞에서 제시한 내용을 다시 한번 살펴보려고 한다. 하나님나라 중심의 교육은 다음 내용에 기초해야 한다.

1. 예수 그리스도
2. 성경적 교육 철학
3. 복음 전파
4. 제자화

위의 중심 개념이 동일하게 지상명령에서도 발견된다. 교회를 향한 이 사명 선언문은 다음 3가지 중요 기능을 보여준다.

1. 회심

2. 예수 그리스도와 연합

3. 가르침

마태복음 28장 19절에서, 예수님은 그리스도인들에게 가서 제자 삼으라고 명령하신다. '가라'는 단어는 명령형으로, 원어 문법에서 끊임없는 노력이 필요함을 의미한다. 이것은 구체적으로 '너희는 어디를 가든지 끊임없이 계속 제자를 삼으라'고 해석할 수 있다. 교회의 존재 목적은 매일 예수 그리스도의 구원의 은혜에 대한 복된 소식을 나누는 것이다. 잃어버린 영혼을 향한 복음 전도는 교회 사역의 중심이 되어야 한다. 그런데 어떤 이는 "이 구절 어디에서 복음 전파나 구원 사역에 관해 말했습니까?"라는 질문을 던질 수도 있다. 이는 단순히 제자 삼는 일만 언급한 것이 아니다. 예수님을 알고 자신의 구세주로 믿을 때까지 누구도 제자가 될 수 없다. 다시 말해서 회심은 예수님의 참 제자가 되기 위해 절대적으로 필요한 과정이다.

어떤 사람이 예수 그리스도를 자신의 죄를 속량하신 구원자로 인정했다면, 그다음으로 예수 그리스도 안에서 자신의 정체성을 확립해 가야 한다. 즉 이 정체성은 예수님의 제자 됨을 의미한다. 그리스도의 참 제자는 그분의 마음에 어울리는 생각과 행동을 한다. 예수님의 제자가 되는 과정은 그분의 형상을 닮아가는 것이다. 이것은 하늘에서 예수님과 영원히 함께할 때까지 절대 끝나지 않는, 평생 이루어질 과정이다. 그러니 계속 예수 그리스도를 닮아가려는 노력이 필요하다.

예수 그리스도의 사명 선언문에서 발견되는 교회를 향한 세 번째 과제는 가르침(교육)이다. 단지 세례를 받고 정식으로 교회에 등록했다고 해서, 예수님을 구주를 받아들였고 그분을 닮아가는 제자라고 할 수 없다. 진정한 제자도에 대한 시험은 예수님의 명령에 순종하는 것이다. 그런데 예수님이 명하신 모든 일을 알고 거기에 순종하는 것은 쉽고 자연스럽게 이루어지는 일이 아니다. 그래서 그분의 명령을 배우는 데 그치는 것이 아니라 행하도록 교육해야 한다. 하나님의 말씀은 알지만 순종하기까지 하는 그리스도인이 교회에 많지 않다. 그들은 한밤중에 침대에서 떨어지는 어린아이와 같다. 부모가 다급히 방으로 들어와 무슨 일이 일어났는지 물어보면, 아이는 "침대 가장자리에서 자다가 떨어졌어요"라고 답한다. 너무 많은 그리스도인이 언제든 세상의 죄로 떨어질 수 있는 교회 입구 근처에서 잠들어 있다.

하나님은 자녀들이 개인적으로 자신을 알아가기를 바라신다. 하지만 이와 같은 인격적인 교제는 하나님의 말씀을 삶에 적용하는 진정한 제자의 길을 걸어갈 때 일어난다. 하나님 말씀을 교육하는 것은 교회의 사명 선언문을 성취하는 데 정말 중요하다. 디모데후서 3장 16-17절에서 하나님의 말씀 교육이 중요한 이유를 발견할 수 있다.

모든 성경은 하나님의 감동으로 된 것으로 교훈과 책망과 바르게 함과 의로 교육하기에 유익하니 이는 하나님의 사람으로 온전하게 하며 모든 선한 일을 행할 능력을 갖추게 하려 함이라.

하나님은 어떠한 환경에서든 참 제자들이 하나님이 원하시는 선한 일을 매일 행하기를 기대하신다. 하나님 말씀의 가르침에 따라 살아가는 우리가 준비해야 하는 유일한 삶의 방식이다.

하나님 말씀을 아는 데서 얻을 수 있는 4가지 유익에 주목해야 한다. 먼저 교리의 유익을 찾을 수 있고, 책망하기에도 좋으며, 바르게 함에 유익하다. 마지막으로 의로 교육하기에도 좋다는 유익이 있다. 이처럼 하나님 말씀이 주는 4가지 유익의 의미를 이해할 때, 적절한 것을 교육하려고 더 집중하게 될 것이다. 다음의 상관관계를 생각해보면 진정한 이유를 알게 될 것이다.

교리: 무엇이 옳은 것인가?
책망: 무엇이 잘못된 것인가?
바르게 함: 의롭게 되는 방법
의로 교육함: 의로움을 유지하는 방법

하나님 말씀은 진정한 제자로서 이 세상에서 성공적으로 살아가는 길을 제공한다. 그리스도의 제자로서 이 세상에서 무엇을 해야 하는지, 또 무엇을 하지 말아야 하는지, 어떤 일을 멈춰야 하는지 그리고 어떤 일은 지속해야 할지를 하나님 말씀으로 알 수 있다. 디모데후서 3장 16-17절을 어떻게 이해하는지와 상관없이, 만약 지상명령에 제시된 교회의 4가지 사명을 성공적으로 실행한다면, 교회에서 교육이라는 핵심 역할을 담당해야 한다는 사실이 더 명백해질 것이다.

교회에 하나님나라 교육이 중요하다는 점을 이해하기 위해서는, 교회를 위한 사명 선언문을 이해하는 것이 필수적이다. 지상명령에서 설명하는 3가지 기능에는 교육도 포함된다. 즉 복음 전파는 사람들을 영생의 삶을 살 수 있게 하는 유일한 길인 예수 그리스도께로 향하게 한다. 또 제자도는 예수 그리스도를 닮기 위한 믿는 자의 노력을 포함한다. 그리고 교육은 제자의 삶을 살아가도록 이끄는 도구가 된다.

오늘날 가정에서의 삶은
위험한 지뢰밭을 걷는 것과 같다.
교회는 가정이 단지 생존을 위해서가 아니라
번성하도록 도울 필요가 있다.[1]

_빌리 프리엘

10장.   교회의 가정 지원 사역

우리의 가정의 성장은 교회의 성장을 결정한다는 말을 들어왔다. 교회는 가정들로 구성되어 있기에, 그 가정들이 출석하는 교회는 절대 가정보다 더 성장할 수 없다. 그래서 교회의 지도자는 가정을 지원하고 성장시키는 역할에 세심한 주의를 기울여야 한다. 가정의 영적 건강을 위해서 할 수 있는 모든 노력을 기울여야 한다. 한 예로 최근 미국 남침례 교단(SBC)의 부속 기관인 가정생활 위원회의 최근 보고서에 따르면, 가정의 건강한 성장을 위해서 목회자와 교회 지도자는 '결혼과 가정에 대한 핵심적인 성경적 원리'를 정의하고 설명할 수 있어야 한다.[2] 교육에는 이 일이 포함된다.

나는 부모 대부분이 좋은 부모가 되고 싶어 하며, 건강한 가정을 이루기를 소망한다고 믿는다. 조쉬 맥도웰은 청소년 담당 목사의 사역 중 가장 중요한 것이 부모에게 자녀를 양육하는 법을 가르치는 일이라고 했다. 이 사역은 다음세대를 교육하는 어린이 사역자와 교육 목사뿐만 아니라 어느 정도는 한 교회의 담임목사에게까지 적용할 수 있는 주장이다.

한 젊은 아버지가 존 맥아더 목사에게 다음과 같이 편지로 도움을 요청했다.

> 저는 자녀 양육에 대한 성경적인 도움이 필요합니다. 일반적인 기독교 관점에서 시작되는 양육의 원리도 아니고, '기독교 용어'로 포장된 아동 심리학 이론도 아닌, 명확하고 성경적인 자녀 양육의 구체적인 지침을 알고 싶습니다.[3]

오늘날의 부모들은 좋은 부모가 되는 비밀을 알려고 고군분투한다. 이들은 미국 가정이 붕괴되는 과정을 보면서 자랐다. 지금으로부터 50년 전에 게이블라인은 다음과 같은 충격적인 의견을 말했다. "일단 가족이 함께 모여 식사할 때 감사 기도를 드리고, 은혜가 충만하며 교회 생활에 열심히 참여하는 가정이라면, 자녀에게 상당 수준의 영적 유산을 물려주었다고 봐도 될 것이다."[4] 하지만 이제 더는 게이블라인의 생각이 오늘날의 자녀 양육에 맞지 않는다. 지금까지 확실한 훈련은 받지 못했으나 자녀를 성경적이고 올바르게 양육하려는 여러 부모 세대를 봐왔다. 의사소통, 친밀한 관계 형성 그리고 올바른 훈육 방법에 관련된 자녀 양육 세미나는 많이 열렸지만, 정작 좋은 부모의 역할에 관한 근본 원리를 알려주는 성경적인 부모상에 대해서는 진지하게 다루어지지 않았다.

조지 바나 보고서에 따르면, 거듭난 부모 중 단지 33퍼센트만이 교회와 신앙이 자녀 양육에 관련된 생각과 실행에 영향을 준다고 응답했다. 또한 거듭난 부모 중 절반 정도만이 신앙(성경, 교회, 종교와 같은)과 관련된 것들이 자녀 양육에 중대한 영향을 끼친다고 응답했다.[5] 그러므로 교회는 부모가 경건한 다음세대 교육에 관해 성경이 지향하는 원리를 이해하도록 돕고, 행동에 나서야 한다.

많은 교회가 가정 안에서의 여러 필요를 만족시키는 프로그램을 제공한다. 일 년 내내 계획된 모든 세대를 위한 친교의 시간이 있다. 또 정기적으로 진행되는 라이프 코스부터 체중 감량 프로그램까지, 다양한 연구 결과를 제공하고, 이런 프로그램을 운영하는 지원 그룹도 구성한다. 교회가 계획하는 이런 모든 프로그램은 개인 또는 가정 구성원이 직면할 어려움을 해결하도록 돕는다.

하지만 이 책에서 지금까지 다룬, 자녀 양육을 위한 성경적 원리를 이해하도록 부모들을 돕는 데 필요한 프로그램은 거의 없다. 이런 가르침과 설교 말씀이 부족한 이유가 교회 지도자가 이 주제의 중요성을 잘 이해하지 못했기 때문일 수도 있다. 불행히도 교회 안에 있는 다양한 그룹이나 개인이 제기하는 실제적인 압박 때문에 이런 교육적 쟁점들을 회피하고 외면하게 된다. 목회자는 이 교육적 쟁점을 다루는 과정에서 절망 속에 있는 것처럼 느낀다.

목회자가 직면하는 압박

부모가 자기 자녀를 어느 대학에 진학시켜야 할지와 관련해 목회자와 상담할 때, 그는 자신이 어떤 대답을 하든지, 누구를 막론하고 그들에게 만족을 줄 수 없으리라는 사실을 잘 안다. 홈스쿨링을 지지하는 이들은 목회자가 다른 부모에게 홈스쿨을 하도록 격려하기를 바란다. 기독교 학교에서 교사로 일하는 이들은, 비록 교회 출석 교인 중에 공교육 종사자가 불쾌함을 느끼게 되더라도 목회자가 부모들에게 그들의 자녀를 공교육에서 배제시키도록 격려하여, 기독교 학교의 교육 형태를 지지해주기를 기대한다. 공교육 관련 교사나 행정가 중에도 훌륭한 그리스도인이 있기에, 목회자는 기독교 학교의 교육 방식에 전적인 지지를 보일 수가 없다. 만약 목회자가 어떤 특정 교육 형태에만 지지를 보인다면, 그와는 다른 교육에 종사하는 이들은, 이 지지가 자기 얼굴을 때리는 것처럼 불편하게 느껴질 것이다.

교회 지도자들은 하나님나라 교육이 하나님을 섬길 수 있는 성숙한 제자를 부르시는 '장소'보다는 우리 자녀의 교육을 위해 하나님이 원하시는 '방법'을 다룬다는 사실을 이해할 필요가 있다. 교회가 가정 안에서 이루어지는 자녀 교육을 돕는 사역을 한다고 해서, 일반 공교육 기관에서 일하는 자들의 사명까지 폄하하는 것은 아니다. 모든 교육의 영역에서 '빛과 소금'의 역할을 하는 거룩한 그리스도인이 필요하다. 하지만 마태복음의 산상수훈에서 예수님은 어린아이나 청소년이 아닌 그분의 제자들에게 도전하신다. 예수님이 어린아이와 관련한 말씀을 하셨을 때 항상 그 주제는 '다음세대를 어떻게 보호하고 양육할 것인가?'에 관한 것이었다.

이와 같은 요구와 압박에 직면한 대부분의 교회 목회자나 사역자는 그러한 교육적 쟁점이 절대 사라지는 것이 아닌데도, 어떻게든 회피하려는 단순한 시도를 한다. 그로 인해 가정은 자녀와 청년에게 영향을 주는 필수 영역 중 하나인 교회에서 어떠한 도움도 받지 못하게 된다. 교회는 가정과 협력하여 다음세대를 올바르게 교육하기 위해 명확한 가르침을 제공하는 하나님의 말씀으로 다시 돌아가야 한다. 『민주주의에서의 기독교 교육』(Christian Education In a Democracy)이라는 책에서 프랭크 게이블라인은 오늘날 미국 청소년을 불을 향해 날아드는 나방에 비유하며, 그들이 직면한 문제를 다음과 같이 설명한다.

> 사실상 미국 청소년들이 가정과 교회에서 멀어질 때 미국 국민은 교육이 그 자리를 대신해주리라고 기대했다. 공교육에 자녀를 맡기는 것이 부모의 마땅한 의무이고, 책임 회피가 아니라고 본 것이다. 만약 공립학교가 사명감 있게 운영된다면 공교육이 가정과 교회의 역할을 대신할 수 있으리라는 자신감(환상) 속에서, 자녀의 육체와 영혼을 가장 거대하게 조직되고 고차원적으로 포장된 교육 제도인 공교육에 위임했다.[6]

만약 교회가 가정을 건강하게 하고 교회 자신의 존재 이유를 드러내려면, 성경적 상담과 교훈, 교육 관련 지원 프로그램을 제공하는 것이 마땅하다. 목회자와 교회 지도자들은 공립학교, 기독교 학교 또는 홈스쿨링 가운데서 특정 교육 방식을 선호하고 지지를 보여주기보다는, 부모에게 하나님나라 교육이 추구하는 성경적 교육 원리를 우선으로 전달해야 한다(부록 참조). 일단 이런 성경적 원리가 교육되고 부모들이 이 원리에 동의한다면, 자녀에게 성경에 기반을 둔 그리스도 중심의 교육을 제공하려는 노력의 하나로, 교회는 부모들을 지원할 수 있는 다양한 교육 훈련 프로그램을 제공할 필요가 있다.

왜 교회는 자녀 교육에 많은 관심을 가져야 할까? "한 미국 통계 자료에 따르면, 교회를 출석하는 청소년 중 70퍼센트가 고등학교를 졸업한 지 2년 이내에 교회를 떠난다고 한다. 미국 교회와 믿는 부모들에게 이는 절망적인 문제다."[7] 저명한 청소년 사역자인 제이 스트렉(Jay Strack)은 교회를 떠나는 18세 연령 비율이 88퍼센트까지 치솟았다고 밝혔다.[8] 교회는 이런 현실을 간과해서는 안 된다. 다음세대가 고등학교를 졸업할 시기가 되면, 이미 비성경적인 사고방식에 물들어 있기에 이러한 현실적 문제가 발생하는 것이라고 분석할 수 있다. 나는 이 분석 자료를 믿기는 하지만 이것이 정말 사실이라면, 교회는 하나님나라 교육이 제시하는 성경적 교육 원리를 가정에서 교육하도록 강조하는 사명을 감당해야 한다.

만약 교회가 다음세대를 하나님의 거룩한 제자로 삼도록 양육하려는 가정을 돕지 못한다면, 다음세대가 하나님 말씀에 반항하도록 예방 주사를 놓는 것이나 다름없다. 윌킨슨은 다음과 같이 말하면서 이러한 문제를 지적한다.

의료 분야에서 예방 접종은 일반적으로 몸의 질병에 대한 저항력을 키우도록 적당한 세균을 주입하는 것이다. 그리스도인들은 자녀에게 성령님의 생동력과 기쁨을 나누지는 않으면서 단순히 과도한 규칙과 제재를 주입함으로써 하나님에 대한 부정적인 저항력을 키운다. 그럼으로써 성삼위일체의 은혜를 자각할 기회를 차단해버린다. 즉 자녀는 하나님의 존재에 대해서는 배우지만 교회를 지루한 곳으로 인식하게 되고, 기독교를 사랑이 아닌 규칙만 남아 있는 율법으로 이해하게 된다. 그 결과 자녀는 하나님을 거부하는 부정적인 반항을 하게 된다.[9]

지금은 다음세대를 교육하는 어떠한 논쟁에 있어 교회 지도자들이 중립적인 태도를 보일 만큼 여유 있는 시대가 아니다. 목회자들은 반드시 담대해야 한다. 그리고 다음세대 교육과 관련해 시급한 현안이 무엇인지 부모들이 이해하도록 도와야 한다.

교회 다시 생각하기

사도행전 2장에서는 교회를 날마다 모이는 믿는 자들의 유기적 공동체로 묘사한다. 이 성경 구절은 또한 가정과 교회가 매우 밀접한 관계였다는 사실을 분명히 보여준다. 가정과 교회와 관련된 개념은 초기 미국 역사에도 분명히 나타난다. 교회와 가정은 서로 강력하게 연결되어 있었기에, 그 당시 미국 정부와 교육 제도, 사회와 문화에 이 두 영향력은 막강했다.

그러나 1800년대 교회와 근본적으로는 미국 사회에 깊은 변화를 일으킨 사건(그중 하나가 공교육의 등장—역주)이 일어났다. 이때 교회는 자녀 교육에 대한 최우선적인 책임을 포기하고 양도해버렸다. 교회가 교육의 책임에서 분리되었을 때 다음세대의 영적 삶에 영향력을 발휘할 기회를 상실하게 되었다. 초기 미국 사회의 교육을 주도했던 교회 역할은 고작 비성경적인 공교육의 부정적 영향에 대응하는 것이었다. 결국 "미국 사회의 세속화가 가속화하면서, 기독교는 공적인 영역에서부터 제외되고, 결국 한 개인의 사적인 영역으로 밀려나는 결과가 초래되었다."[10]

1800년대 중반 이후로 교회는 일요일과 수요일 밤에만 주로 열리는 모임으로 규정되었다. 그래서 교회에 관해 말할 때마다 주일예배나 수요일 밤 예배를 떠올릴 정도로 이런 정의가 굳어졌다. 실제로 신학교와 기독 대학교에서는 교회 지도자를 훈련할 때 어떻게 주일과 수요일 저녁에 교회를 잘 운영할지를 가르친다. 그 결과 교회는 공적 영역에서 영향력을 잃어버리고 말았다. 교회가 한 사회에 도덕적 기준을 제시하려고 할 때마다, 교회와 정부를 분리하라는 목소리가 높아졌다.

교회를 공공의 사회에서 제외하고 개인의 사적인 공간으로 정의해버린 결과는 간단히 말해서 재앙이었다. 라이프웨이교회 지원부 회장인 진 밈스는 기독교인과 비기독교인 모두 해답을 찾기 위해 노력해 온 5가지 질문을 제시했다. 이것을 깊이 연구하고서 나는 이 질문에 대한 답이 바로 삶을 움직이는 필요조건임을 깨달았다.

1. 어떻게 삶에서 영적인 만족을 찾을 수 있을까?
2. 어떻게 결혼과 가정에서 의미 있고 지속되는 관계를 유지할 수 있을까?
3. 어떻게 성공적으로 자녀를 양육하고 교육할 수 있을까?
4. 어떻게 일에서 의미를 찾을 수 있을까?
5. 어떻게 내가 속한 공동체나 세상과 조화를 이룰 수 있을까?

이 삶을 움직이는 필요에 관련된 5가지 질문을 받는다면, 각각의 질문에 무엇이라고 답하겠는가? 이 모든 것을 의미 있는 관계로 이끄는 매우 중요한 해결책이 있는가? 그리스도인들은 어디에서 이런 삶의 딜레마를 해결할 수 있는 답을 찾을 수 있는가? 누가 공적인 삶과 사적인 삶 모두에서 그 답과 의미를 찾을 방법을 알려줄 수 있는가? 이 모든 질문은 지금 급속히 변화하는 사회에서 절대적으로 중요하다.

이 질문에 대한 근본적인 답은, 그리스도 예수 안에 모든 해답이 있다는 것과 오직 하나님의 말씀인 성경만이 유일하게 그 답을 제공한다는 것이다. 그리스도 안에서 삶에 대한 참된 의미를 발견할 수 있다는 사실은 진리일 것이다. 이토록 모든 답이 그 안에 있는데도, 왜 많은 그리스도인이 삶을 영위하는 영역에서 아직도 답을 찾지 못하고 여전히 어려움을 겪거나 실패하고 있는가?

비기독교인들이 경험하는 것만큼 그리스도인들도 삶을 이해하는 데 어려움을 겪는다. 그러나 우리는 삶을 이끄는 필요에 관한 가능한 해결책에 두 가지 원천이 있다는 점을 알아야 한다. 이 두 원천은 상호 연관성 없이 완전히 상반된 답을 제공하지만, 그중 오직 한 가지 원천만이 삶을 움직이는 5가지 질문에 진정한 답을 준다.

사람들은 이 두 가지 원천, 즉 하나님 아니면 세상에서 삶에 대한 답을 찾으려고 노력한다. 삶의 목적을 찾는 방법에 관해 하나님은 어떻게 말씀하시는지, 세상은 또 어떻게 말하는지를 잘 알아야 한다. 모든 세상 사람은 자기 삶을 이해하려고 애쓰는 가운데 두 가지 원천 중 하나를 향하여 나아간다. 심지어 그리스도인조차도 다음 질문을 이해하지 못할 때가 있다. '어느 원천이 삶의 커다란 질문들에 진정한 답을 하고 있는가?' 따라서 커다란 삶의 영역 속에서 하나님의 길과 세상(문화)의 길이 충돌하는 현상을 살펴볼 필요가 있다(표 10.1을 보라).

슬픈 현실은 점점 더 많은 믿음의 사람이 교회에서 말씀으로 제공되는 답보다는 세상 문화에서 오는 답을 따라가는 것처럼 보인다는 것이다. 왜 이런 일이 일어나는 것일까? 나는 교회가 '주일 수요일 저녁 모임'이라는 이미지에 갇혔고, 대다수 교회 목회자와 지도자도 교회에 관한 이런 새로운 정의를 받아들였기 때문이라고 확신하게 되었다.

대부분의 교회는 성도와 매주 2-4시간 정도만 접촉하지만, 세상은 특별히 교육으로 그리고 미디어로 일주일 24시간 우리 삶에 관여한다. 이런 편중됨으로 인해, 교회보다는 세상이 삶의 중요한 문제를 결정하는 믿음에 더 영향을 주게 되었다. 만약 교회가 하나님이 의도하신 대로 영적 성장을 주도하는 그분의 대리 기관이 되기를 바란다면, 교회의 모든 성도, 특히 부모들의 삶에 더 적극적으로 관여해야 한다. 일주일에 2-4시간 진행하는 교육 프로그램을 제공하는 사역에서 벗어나, 일주일 내내 다음세대를 교육하는 평생 교육 관점의 사역으로 나아가야 한다.

삶을 이끄는 요소	하나님의 방법	세상의 방법
영적 성장	사람은 오직 예수 그리스도의 인격 안에서만 영적인 만족을 찾을 수 있다(요 14:6). 그리스도와 사랑과 신뢰, 순종의 관계를 맺을 때 영적으로 성숙해진다.	모든 종교의 최종 목적은 같다. 그래서 각 사람은 자신에게 가장 알맞은 종교를 찾아야 한다. 기독교는 어떤 사람에게는 적합하지만, 어떤 사람에게는 맞지 않는다. 또 어떤 사람은 자신을 신으로 믿기에, 자기 안에서 의미를 찾는다.
결혼과 가정	하나님은 결혼을 가장 중요한 인간관계로 정하셨다(창 2장). 결혼 제도에 대해 하나님이 의도하신 바는, '평생 당신만을 사랑합니다'라는 결혼 서약으로 요약할 수 있다. 결혼 관계는 예수님과 교회의 관계성에 대한 하늘의 실제를 땅에서 보여주는 그림과 같다. 하나님이 의도하시는 가정이 되기 위해서는 그리스도가 가정의 주인이 되셔야 한다.	결혼과 함께 따라오는 새로운 절대적 생각은 '나는 지금 이 순간 당신을 사랑합니다'이다. 그래서 만약 지금의 결혼 생활이 당신에게 어울리지 않는다면, 당장 끝내고 다시 시작할 수 있다. 최고의 상대를 찾지 못했다면, 계속 재시도를 할 수 있다. 가정의 성공이 사는 집, 운전하는 차, 주변 이웃의 계층 등과 같은 것으로 평가된다.
자녀 교육	자녀는 하나님이 부모에게 과업으로 주신 존재다. 하나님은 모든 부모가 성경적 가르침에 따라 자녀를 교육하기를 바라신다. 참된 교육의 목적은 그리스도를 삶의 주인이자 죄에서 구속하신 구원자로 인정하고, 성경적 세계관을 형성하도록 도와 자녀가 평생 그리스도를 섬기도록 인도하는 것이다.	'좋은' 교육은 자녀가 다양성을 중시하고, 다른 사람의 의견을 자기 의견과 동등하게 여기는, 행복하고 생산적인 시민이 되게 한다. 교육의 목적은 각 사람이 완전하게 되어 사회도 완전해지는 것이다. 또 자녀가 재정적 성공을 거두도록 돕는 것이다.

삶을 이끄는 요소	하나님의 방법	세상의 방법
직업의 목적	하나님은 각 사람에게 독특한 재능과 능력을 주셨다. 그분의 계획은, 각 사람이 자신에게 주어진 재능과 능력을 개발하여 "세상을 다스리라"는 하나님의 부르심에 순종함으로써, 그분께 영광 돌리게 되는 것이다.	언제든 최선을 다한다면 원하는 무엇이든지 될 수 있다. 직업에서 성공하려면 반드시 승진해야 하고, 만약 부족하다는 생각이 들면 더 많은 시간과 노력을 경력을 쌓는 데 투자해야 한다. 이렇게 하면 성공은 보장된다. 완벽한 자기 관리와 노력만이 성공의 지름길이라는 사실을 믿어야 한다.
세상(문화)	하나님은 사람을 살아 있는 영혼으로 창조하셨을 뿐만 아니라 매일 삶에서 타인과 함께 살아가도록 사회적인 존재로도 만드셨다. 하지만 그리스도인은 하늘의 시민권자이기 때문에 이 세상에서는 나그네로서 구별된 존재라는 사실을 인식해야 한다. 또한 하나님이 사랑하신 것처럼 이 세상을 사랑해야 한다.	모든 사람은 각각의 신앙과 가치 체계 안에서 동등하게 태어났다. 그러므로 다른 신앙과 가치관이라도 자신의 것과 동등하게 받아들여야 한다. 문화적 다양성을 수용하는 것은 공동체 안에 존재하는 갈등의 해결책이 된다. 경제와 사회적 측면에서 '평등'(균등의 원리)의 개념이 널리 통용되어야 한다. 이 원리가 지켜질 때 사회의 구성원인 사람은 조화롭게 살아갈 수 있다.

〈표 10.1〉

결혼의 중요성

부모에게 자녀 교육에 대한 일차적인 책임이 있기에, 가정이 건강하게 유지되는 것이 매우 중요하다. 자녀를 적절하게 교육하려면, 가능한 한 부모 모두가 있어야 한다. 그러므로 교회는 남성과 여성 모두에게 결혼과 가정이 하나님께 얼마나 중요한가를 교육하는 데 집중해야 한다. 특히 설교와 교육에서 결혼을 집중적으로 다루어야 한다. 또한 교회 지도자들은 결혼과 가정생활에 관해 잘 가르치고, 그리스도가 한 가정의 주인이 되신다는 것이 어떤 의미인지 그리고 경건한 남편과 아내가 서로 어떻게 성경적인 관계를 맺는지 본이 되어야 한다. 이렇게 될 때 아버지와 어머니는 주님의 보살핌과 훈계로 자녀 양육을 잘할 수 있는 준비가 될 것이다.

교육 계획의 긴급성

마지막으로, 교회 지도자인 목회자와 사역자는 부모가 성경적 교육 원리에 기반한 자녀 양육을 할 수 있도록, 부모 교육 계획을 개발해야 한다. 이 책 2-7장을 다시 읽어보는 것이 큰 도움이 될 것이다. 각 장에서 목회자와 교회 지도자는 교회에서 반드시 가르쳐야 하는 성경 원리를 발견할 수 있다. 이 책이 교육 계획과 과정을 개발하는 일에 좋은 밑거름이 되기를 소망한다. 이 성경 원리를 행동으로 실천하는 과정에 분명 어려움도 있을 것이다. 때로 특정 학교의 교육 형태를 지지하는 교회나 지도자가 비난을 받을 수도 있다. 그러나 이런 걱정과 상관없이, 하나님나라 교육에서 다룬 원리는 교육 프로그램에 필수인 내용이라고 생각한다.

교회 리더십이 교회 성도들에게 성경 원리에 따른 자녀 교육의 중요성을 고취할 때, 교회는 더욱 건강해질 수 있다. 우선 각 가정에서 부모가 올바른 자녀 양육을 해야겠다는 더 큰 책임을 느낄 것이다. 그러면 자녀가 참여하는 교회나 학교 행사에 더 적극적으로 관여하게 될 것이다. 부모들의 더 많은 관심과 참여로, 교회 프로그램은 더욱 건강해질 것이다.

자녀 교육 문제에 직면한 교회 성도들을 지원하는 것보다 더 큰 교회 사역은 없다. 나는 앞으로 교회의 건강한 성장이, 교회가 다음세대 교육과 관련해 가정을 얼마나 잘 지원하는가에 달려 있다고 확신한다. 교회는 '주일과 수요일(금요일) 저녁 모임' 이미지를 깨야 한다. 그리고 사도행전 2장에서 말하는 교회의 모습을 회복해야 한다. 이는 교회 사역이 일주일 내내 하는 사역으로 확장될 것을 의미한다. 특히 다음세대에게 성경 말씀에 기반을 둔, 그리스도 중심의 교육을 제공해야 한다. 교사와 사역자를 비롯한 교회 지도자가 이미 알고 있는 기존의 다양한 교육 이론에 집중하기보다는, 하나님나라 교육이 제시하는 성경적 교육 원리에 따라 다음세대와 부모를 지원해야 한다. 교회의 목회자와 사역자는 교회의 존재 목적이 바로 제자 삼는 일임을 절대 잊어서는 안 된다.

4 기독교 학교의 역할

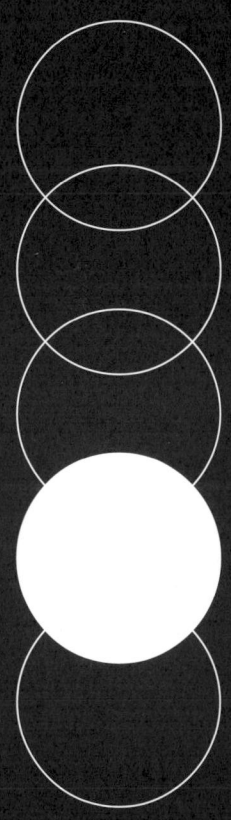

교육이 가치를 추구하는
끊임없는 노력의 산물이라는 사실을
인식하는 부모일수록 가정에 대한
성경적 신념을 추구하는
기독교 학교를 점점 더 지지하게 된다.[1]
_제임스 카퍼

11장.   가정의 신앙과 가치를 강화하는 학교 교육

하나님나라 교육은 24시간 일주일 내내 이루어지는 교육 과정을 지향하므로, 하나님나라 교육에서 학교는 매우 중요한 역할을 차지한다. 성경에 학교라는 정확한 단어가 기록되어 있지 않지만, 오늘날 사회 문화에서 없어서는 안 되는 핵심 기관이다. 학교는 오랜 세월 존재하며 그 역할을 수행해왔다. 과거 미국 사회는 "전통적으로 학교를 교양을 갖춘 경건한 애국자를 교육하는 기관으로 보았고, 이 전통이 미국인의 정신 세계에 뿌리 깊게 각인되어 아무도 학교의 유용성을 의심하지 않았다."[2] 그리스도인들은 교육의 가치를 높이 평가해왔는데 특히 미국 사회가 더 그러했다. 1647년 메사추세츠 식민지 지역이 세워질 때, 식민지 개척자들은 메사추세츠 학교법을 제정했다. 이 학교법의 주요 목적은 자녀들이 성경을 이해할 수 있을 정도의 교육을 받도록 보장하는 것이었다. 사실 이 법은 50개의 가정당 초등학교 하나를 설립하도록 규정한다.

1671년도에 개정된 '뉴플리머스 식민지의 일반법과 자유 헌장'(The

General Laws and Liberties of New Plymouth Colony)에도 '어린이 교육'(Education of Children)이라는 항목이 포함되어 있다.

> 부모들과 지주들은 자의로나 다른 사람의 강요로나, 간절한 마음으로 자녀들과 하인들이 자라는 동안 하나님의 은혜 안에서 배움을 통해 적어도 성경을 읽을 수 있는 복을 누리도록…그리고 그들이 구원에 필요한 기독교 원리과 중요한 기초를 능숙하게 이해할 수 있도록 가르치려고 노력해야 한다.[3]

자녀에게 기본적인 교육을 제공하지 않는 부모는 벌금을 내야 했다. 학교가 현대 사회에서 계속 중요한 역할을 담당했다는 사실을 반박하는 이는 거의 없을 것이다. 그러나 오늘날 이런 질문이 제기된다. 우리의 자녀 교육과 관련하여 학교는 어떠한 역할을 해야 하는가?

1954년 초 프랜시스 커랜은 교회가 초등 교육의 전통적 책임을 국가 기관에 넘겨준 것이 교회의 완전한 항복과 다름없다고 비판하면서 당시 교육자들에게 경종을 울렸다. 이 새로운 교육적 변화와 여파는 누구도 상상할 수 없는 것이었다. 교회와 국가뿐만 아니라 사회 구조의 기초 구성단위인 가정에까지 영향을 미쳤기 때문이다.

세속화의 부상

우리 사회가 급속도로 세속화되던 시기는 가정과 학교의 상호 관계적 역할이 변화하기 시작한 시점이었다. 그때까지만 해도 학교는 가정의 성경적 가치관과 신앙 체계 형성을 돕기 위해 설립되었다. 학교는 자녀들이 성경을 읽고 성경적 관점에서 생각할 수 있도록 교육해야 했다. 그러나 국가가 학교를 통제하기 시작하자, 학교는 가정이 추구하는 가치를 지원하기보다 국가 정부가 추구하는 가치가 자녀의 삶에 스며들게 하는 방향으로 변했다. 법원이 1962년, 1963년, 1981년에 공립학교에서 기도와 성경 읽기 그리고 십계명을 학습 자료로 사용하는 것이 위헌이라고 판결 내리기 훨씬 전부터 학교는 하나님에게서 분리되는 사회 세속화 과정에 기여했다.

1940년, 〈크리스천 센추리〉(*The Christian Century*)의 편집장, 찰스 클레이턴 모리슨(Charles Clayton Morrison)은 캔자스시티의 공립학교 교사 만 명 앞에서 다음과 같이 강연했다.

> 공립학교는 의심할 여지 없이 의도적으로 세속적일 수밖에 없습니다. 그러므로 미국 사회에서 기독교가 쇠퇴하고 무신론의 다른 이름인 세속화가 꾸준히 진행되는 현상은 미국 교육 제도에 책임이 없다고 말할 수 없습니다…공립학교에서 교육받는 그리스도인 자녀들은, 교회의 주일학교 교육이 보호할 수 있는 영역 바깥에 놓인 것과 같습니다. 반대로 공립학교는 세속화된 지성을 지닌 다음세대를 다시금 교회에 선물처럼 돌려줍니다.[4]

가정이 책임지고 지도해야 하는 자녀의 삶의 영역을 학교가 점점 더 많이 책임지게 되었다. 하나님이 다음세대의 교육적 책임을 국가, 학교, 심지어 교회에 위임하지 않으셨다는 성경적 사실을 잊지 말아야 한다. 하나님은 이 책임을 부모에게 주셨다. 그러므로 학교의 역할은 부모와 가정을 지원하는 것이어야 마땅하다. 학교는 자녀 훈련과 교육이 이루어지는 주요 장소인 가정을 절대 대신할 수 없다.

믿음의 가정은 자녀가 다니고 있는 기독교 학교가 가정과 동일한 성경 원리와 가치 체계에 따라 운영되고 있는지 점검해야 한다. 성경적 신앙과 가치 체계를 유지하는 학교를 선택함으로써 부모는 자녀가 가정과 학교에서 일관된 교육을 받도록 보장해주어야 한다. 이런 교육이 이루어질 때, 자녀는 삶을 유의미하게 이해하게 된다. 이러한 관점은 유대 공동체에서 명확하게 나타난다. 들어가는 글에서 언급했듯이, 유대인이 끊임없이 박해를 받았다는 역사적 사실을 고려한다면 유대 신앙은 기적 위에 세워진 것과 다름없다. 그러나 이는 우연의 산물이 아니다. 전통적인 유대인들은 학교가 반드시 부모의 신앙과 가치를 지지하도록 협력해왔다. 한 유대인 소년은 그 이유를 다음과 같이 말했다. "어떤 사람이 지켜온 것들은 그의 부모와 교사도 동일하게 지켜온 것이기에, 그가 삶의 방식을 이해하고 수용하기가 훨씬 더 수월해진다."[5]

성경은 가정이 하나님과 그분의 말씀이 있어야 하는 장소라고 명확하게 제시한다. 하나님이 원하시는 모습의 가정을 만들어가기를 원한다면, 그리스도를 가정의 머리로 삼아야 한다. 가정이 성경의 원리를 따라 역할을 수행할 때, 교육은 그 성경의 원리를 자녀에게 효과적으로 가르치는 도구로 여겨질 것이다. 그러면 부모는 자녀가 가정에서 배운 것을 더 강화할 수 있는 학교를 선택하는 것이 중요하다는 사실을 이해할 것이다.

학교 교육에서 종교적 가치를 분리하려는 시도는 계속 있었다. 미국 공립학교의 아버지로 불리는 호러스 맨은 이렇게 주장했다. 사회는 "신앙과 가치관 교육은 가정과 교회에 맡기고, 객관적이고 과학적인 사실 교육은 학교에 맡겨야 한다."[6] 반대로 1967년에 허스트(Hirst)는 "원하든 원하지 않든 상관없이, 교육은 머리끝부터 발끝까지 가치와 밀접하게 연결되어 있다"[7]라고 말했다. 셸턴 스미스(H. Shelton Smith)는 『신앙과 양육』(Faith and Nurture)에서 교육과 가치 체계의 관련성에 대해 이렇게 결론을 내린다.

> 다른 무엇보다 가장 중요한 질문은 다음과 같다. 학교는 어떤 신앙을 교육하는가? 교회의 신앙인가? 아니면 인간 중심의 경험주의 종교인가? 조만간 이 질문은 중요한 쟁점이 될 것이다. 미국의 민주주의 문화의 운명은 이 질문에 대한 답에 달려 있다.[8]

부모는 자녀의 생각 체계에서 우위를 차지하려는 존재들과 끊임없이 힘겹게 싸워야 하는 전쟁이 있다는 사실을 깨달아야 한다. 제임스 돕슨(James Dobson)은 다음세대의 지적 전쟁인 세계관의 충돌을 다음과 같이 분명히 밝힌다.

오늘날 북미 도처에서 남북전쟁과 같은 거대한 가치관 내전이 맹위를 떨치고 있다. 대단히 다르고 양립할 수 없는 세계관을 가진 두 진영의 격렬한 갈등이 사회의 모든 계층에 펼쳐지고 있다…영토나 군사 정보를 위한 물리적 전투와 다르게 오늘날 이 전쟁은 사람의 감성과 이성을 둘러싼 신념 전쟁이다. 가까운 미래에 승자가 가려지고 패자는 기억에서 점점 사라질 것이다.[9]

돕슨은 교실 안에서 계속되는 이 전쟁의 가장 강력한 공격 대상이 우리 자녀라고 생각하고 이렇게 말했다. "다음세대는 제2차 남북전쟁인 지적 전쟁의 승자에게 주어지는 전리품과 같다. 젊은 세대가 무엇을 배우고, 무엇을 경험(보고, 듣고, 생각하고, 믿는 것)할지를 조정하는 승자는 한 나라의 미래를 결정하게 될 것이다."[10] 이 전쟁에서 교육의 역할을 강조하면서 돕슨은 "우리의 예측처럼, 이 전쟁의 가장 치열한 격전지는 교육의 영역이 될 것이고, 최종적 승자와 패자가 바로 여기서 결정될 것이다"[11]라고 주장한다.

만약 지금 우리가 참여하고 있는 가치관 전쟁이 얼마나 심각한지 깨닫지 못한다면, 우리 자녀를 이 세상의 가치관에 넘겨주게 될 것이다. 미국에서 공립학교 제도가 시작된 이후로 지금까지 학교 지도자들이 언급한 내용을 같이 생각해보자.

호러스 맨(미국 공교육의 아버지)

교육이라는 성직에 종사하는 이들은, 모든 부모가 교육 실천의 대의명

분을 위해 자녀를 인질로 내주는 것이라고 여길 정도로 권위가 있다.[12]

C. F. 포터(C. F. Potter, 제1차 '인본주의자 선언문' 서명자)
교육은 인본주의의 강력한 동업자다. 모든 미국 공립학교는 인본주의 학교다. 일주일에 하루 1시간 동안 삶의 단면만 교육하는 주일학교가 주 5일 5시간 동안 인본주의 사상에 기초한 교과목을 가르치는 학교에 무엇으로 대응할 수 있을까?[13]

폴 블랑샤르(Paul Blanshard, 자유주의 작가, 사회 정의 운동가)
세속적이고 비기독교적 사회를 이룩하는 가장 중요한 도구는 교육이다. 학교가 학생들에게 책 읽는 법을 제대로 가르치지 못할 수도 있지만, 그들이 18세가 될 때까지 붙잡아둘 수는 있다. 오늘날 대다수가 고등학교까지 교육을 받는데, 이 시간은 신앙적 미신을 제거하기에 충분하다. 즉 아담과 하와 이야기와 같은 창조 신화나 역사적 사실로 믿는 다른 신화에서 깨어나게 할 수 있는 충분한 시간이다.[14]

존 굿랜드(John Goodland, 미국교육협회 전 회장)
교육의 목적은 행동의 변화다. 오늘날 대다수의 자녀는 아직까지 부모가 추구하는 가치관을 고수하고 있다. 따라서 이러한 현상을 인식하지 못하거나, 자녀들이 다가오는 변화를 인정하고 수용하도록 재사회화하지 못한다면 지금의 사회는 부패할 것이다.[15]

존 던피[John Dunphy, 〈인본주의자〉(The Humanist)라는 잡지에 실린 수상 소감 중에서]

미래의 전쟁은 누가 지성을 지배할 수 있는가와 관련 있다. 이 전쟁의 승리는 공립학교 교실에서 새로운 종교적 신앙을 전수하고 있다는 사실을 정확히 인식한 교사들에게 달려 있다. 여기서 새로운 종교란 모든 사람이 신적인 불꽃을 간직하고 있다고 믿는 인본주의적 종교(religion of humanity)를 의미한다. 공립학교 교사들은 반지성적인 근본주의 설교자처럼 맹목적으로 헌신해야 한다. 다른 형태의 설교자로서 교사는 교회의 설교 강단을 대신하여 유치원에서부터 대학 강의실에 이르기까지, 교과목과 교육 수준에 상관없이 인본주의 가치관을 전파하기 때문이다.

그 교실은 옛것과 새것이 충돌하는 장소가 될 것이 분명하다. 다시 말해서 갈등과 악행을 일삼는 부패한 기독교와 그리스도인들이 결코 실천하지 못한 이웃 사랑을 이루어낼 수 있다고 희망을 말하는 인본주의 신앙이 충돌을 일으킬 것이다. 이 충돌은 의심할 여지 없이 길고 고통스러우며 슬픔과 눈물이 가득한 투쟁이 될 것이다. 결국 인본주의가 승리하기 위해 반드시 거쳐야 하는 과정이다.[16]

지금까지 살펴본 모든 진술이 정말로 이 세상의 공교육 체계에서 일어나는 현상을 정확하게 보여주고 있는지 의문을 제기하는 사람도 있을 것이다. 하지만 과거 수십 년 동안 출판된 몇몇 교과서를 살펴본다면, 평범한 그리스도인들이 아는 것 이상으로 이 전쟁이 훨씬 더 치열하게 전개되고 있다는 충분한 증거를 확인할 수 있다. 이번에는 일부 교과서에서 발췌한 내용을 살펴보자(다음 인용에서 굵은 글씨는 저자가 강조한 부분이다).

현대와 미래 경제학(*Economics Today and Tomorrow*, 1991년, 고등학교, 교사용)
큰 정부 조직이 효율적인지 비효율적인지 단정적으로 결론을 내릴 수 있는가? 1900년대, 특히 1960년대와 1970년대 대공황 시대에 미국 정부 조직이 방만했다는 사실은 누구나 안다. 또한 좋은 사회 혹은 반대로 나쁜 사회가 존재한다고 말할 수 있는가? 이러한 논쟁에 정답이 있는가? 이 논쟁에 대한 의견은 각 사람의 가치관(세계관, 신앙)에 근거하기 때문에 실질적으로 정답이 있을 수 없다. **왜냐하면 각각의 가치관은 옳고 그름에서 벗어나 모두 존중되어야 하기 때문이다.**[17]

생활 심리학(*Psychology for Living*, 1971년, 고등학교)
모든 사람은 반드시 자신의 성적 행동을 통제할 (사회 구성원이 인정하는 전통적 원칙이 아닌) 자신만의 원칙을 가지고 있어야 한다. 성인이라면 자신의 행동에 대한 결정은 스스로 내릴 수 있어야 한다.[18]

의사소통(*Communicating*, 1973년, 초등학교)
도덕적 판단은 '의사소통' 수업에서는 배제한다. 왜냐하면 대화하고 토론할 때 **학생 스스로** 결론을 내리도록 지도하기 위해서다.[19]

하나의 미국(*A More Perfect Union*, 1991년, 중학교)
인종, 가치관, 삶의 방식의 다양성을 수용하고 인정하는 미국 사회의 모습을…높이 평가하고 자랑스럽게 여긴다…다원주의란 특정한 어느 지점에서…반드시 양보하고 타협하는 것을 의미한다…미국 국민은 반드시 다른 문화의 생활 방식을 인정해야 한다.[20]

생활 심리학(*Psychology for Living*, 1971년, 고등학교)
수용적인 개인은 자신과 사회(법률, 예절, 의복 등) 상호 간에 유익이 되는 것에 순응할 수 있다. 하지만 **자신이 스스로** 결정한 최선의 판단과 일치하지 않은 것에 순응하는 것을 의미하지 않는다.[21]

세계: 미지의 시간 여행(*World: Adventures in Time and Place*, 2000년, 6학년)
어느 사회와 문화에서 가장 중요한 부분 중 하나는 구성원이 동의하는 가치관이다. 사람들의 가치관은 종교적 신앙에 따라 형성된다. 예를 들어, 힌두교인은 모든 생명체가 영혼을 지니고 있는 신의 일부분(Azeez)이라고 믿는다. 한 가정의 행동 양식은 그 가정 전체 구성원의 가치 체계와 관습을 반영한다. 한 문화는 고정된 것이 아니라, 끊임없이 또 다른 문화와 상호 작용하면서 계속 변화한다.[22]

세계 역사: 인간의 경험(*World History: The Human Experience*, 1999년, 6학년)

긍정적인 결과와 부정적인 결과를 동시에 평가해보라. 그리고 이 결과 중 어떤 것이 **나에게 가장 적합한지** 스스로 결정하라.[23]

오늘날 학교가 채택한 교과서에서 발췌한 이러한 내용은 학생이 서서히 세상적이고 사람 중심적인 세계관을 형성하게 되는 미묘한 메시지를 담고 있다. 몇몇 내용은 도덕적 판단의 문제에 관해 노골적으로 절대 진리를 공격한다. 예를 들면, 청소년에게 윤리 규범을 성취하도록 지도하기 위해 발간된 소책자 『탁월함의 탐구』(*The Quest for Excellence*)에 다음과 같이 쓰여 있다.

부모가 구체적으로 성을 가르치지 않더라도 당신은 성에 대해 올바르게 생각할 수 있다. 부모가 매우 보수적이어서 결혼 전까지 순결을 지킬 것을 기대한다고 해도 이 일은 현실적으로 불가능하다. 부모가 당신이 성에 관심을 갖는 것을 염려하고, 또 성에 관련된 정보에 노출되기 원하지 않는다고 해도, 이런 **부모의 기대를 다 들을 수는 없다.**[24]

다음세대의 감성과 이성을 사로잡는 것을 목적으로 삼는 새로운 시민전쟁인 가치관 전쟁에서 교육은 중요한 역할을 맡고 있고, 앞으로도 계속 그런 역할을 할 것이다. 이 사실은 의심의 여지가 없다. 이런 현실 때문에 하나님나라 교육을 할 때 기독교 학교가 가정을 지원해야 할 필요가 있다. 기독교 학교가 교육하는 신앙과 가치는 반드시 가정에서 다시 교육되고 실천되어야 하는 하나님의 말씀을 강화해야 한다. 만약 이런 상호 보완적 협력 사역이 일어나지 않는다면, 우리 자녀의 삶은 점점 더 파괴되고, 그들은 삶의 목적과 의미를 잃어버리고 말 것이다. 하나님나라 교육에 참여하기 위해 기독교 학교는 먼저 하나님 말씀에 기반을 둔 교육 방법론을 세워두어야 한다. 그리고 그것을 학교에서 일어나는 모든 일의 기준으로 삼아야 한다. 그렇게 하지 못할 때, 『교육을 향한 두 갈림길』의 저자 필립 메이가 말한 것처럼, "사람 또는 사람의 이성이 모든 것의 척도가 되고, 그리스도인이 생각하는 절대 기준(진리)은 소멸하게 된다."[25]

이와 같은 신념은 정확히 오늘날의 포스트모더니즘 문화에 반영되어 있다. 메이는 이 현상이 일어날 것을 예견했다. "기독교 신앙을 거부하는 사람은 모두 이와 대등한 권위, 즉 자기 자신, 권력, 이성, 전문 지식, 대중의 의견을 인정하게 되기" 때문이다.[26] 앞서 2장에서 설명한 것처럼, 메이의 예견은 오직 기독교 교육만이 성경에 기초한 세계관을 심어줄 수 있다는 신념에 근거한다. 그리고 이 성경적 세계관만이 하나님나라 교육의 기준과 목표와 목적을 견고하게 뒷받침한다. 메이의 용감한 주장은 정확히 옳았고, 지금도 여전히 옳다.

부모가 다음세대 교육을 향한 하나님의 계획에 참여할 때, 학교는 확장된 가정이 된다. 하나님나라의 교육 원리가 가정에서 가르치고 실천하는 것에 적용되는 것과 같이, 학교 교실에서도 적용되어야 한다. 부모는 자녀의 마음과 지성에 심어주고자 하는 성경적 신앙과 가치를 확립해줄 기독교 학교를 반드시 고려해야 한다.

성경의 원리 위에 세워진 기독교 학교는 믿음의 가정을 후원하는 학교의 역할을 절대 잊어서는 안 된다. 가정과 기독교 학교가 협력하여 진리인 하나님 말씀을 위해 헌신하지 않는다면, 하나님나라 교육은 실현되지 못할 것이다. 시편 78편은 삶의 모든 영역에서 지속적으로 다음세대 교육을 실행하지 못할 때 일어나는 일을 생생한 그림으로 보여준다. 1-7절은 이스라엘 나라와 부모들이 자녀에게 가르쳐야 할 하나님의 교훈을 담고 있다. 또한 8-64절에는 하나님의 백성이 그분의 명령을 따르지 않고, 자녀를 적절하게 교육하지 않았기 때문에 찾아온 도덕적 붕괴와 고통을 생생하게 보여준다. 시편의 이 말씀은 하나님나라 교육의 원리에 따라 다음세대를 교육하기 위해 가정과 학교가 교회와 발맞추어 일할 긴급한 필요성을 강조한다.

교회가 교육의 한 부분을
포기하는 것은
궁극적으로 교육 전체를
포기하는 것과 같다.[1]

_프랜시스 커랜

12장. 학교, 주중에 사역하는 또 다른 교회

    하나님나라 교육과 관련된 모든 기독교 학교는 교회와 맺은 관계에 세심한 관심을 기울여야 한다. 특히 교회는 잃어버린 세상을 향해 하나님의 나라가 표현된 것이라는 사실을 잊지 말아야 한다. 교회는 하나님이 그리스도인들을 통해 지상명령을 수행하시는 통로다. 그러므로 기독교 학교는 교회와 긴밀한 관계를 유지해야 한다. 이것은 교회가 운영하는 학교든 독립적인 재단이 운영하는 학교든 예외 없이 모든 기독교 학교에 적용되는 진리다.

    불행히도 오늘날 설립된 많은 기독교 학교와 교회가 하나님나라 교육이 효과적으로 운영되는 데 필요한 조화로운 관계를 유지하지 못한다. 일부 목회자와 교회 지도자는 기독교 학교가 지역 사회에서 펼치려는 사역에 힘을 실어주지 않는다. 기독교 학교를 후원하는 몇몇 교회는 재정, 시설물, 운영의 문제로 끊임없이 갈등에 휘말리기도 한다. 몇몇 담임목사는 이러한 갈등이 계속된다면 어떻게 교회가 기독교 학교와 계속 긴밀하게 관계를 맺어가겠는가 우려를 표하기도 했다.

이런 문제가 발생하는 근본적 이유는 바로 기독교 학교 사역을 '교회의 본질적 사역'으로 인정하지 않기 때문이다. 10장에서 다룬 내용이 떠오르지 않는가? 교회 사역이 좁은 의미에서 주일이나 수요일(금요일) 저녁 활동과 주기적으로 계획된 특별 행사로 규정되고 있다. 교회가 주중 교육 사역(학년, 연령과 상관없이)을 포함하는 '확장된 교회 사역'을 거부하거나 학교 사역을 교회 사역의 덤으로 생각할 때, 두 기관 사이에는 경쟁과 갈등이 끊이지 않을 것이다.

교회는 주중 교육(기독교 학교)을 사역에 확장할 때, 교회 전체를 위한 하나의 목회 신학을 발전시켜야 한다. 학교가 사역하는 가정은 교회의 주일예배에 참석하는 가정처럼 한 교회의 지체가 되는 것을 의미한다.

오늘날에는 기독교 학교 사역을 다른 주일 사역과 별개로 취급하는 경향이 강하다. 한 가지 예로 시설물을 사용하는 것을 들 수 있다. 교회가 학교를 유지하는 것이 올바른 형태인데 마치 학교가 교회를 소유하는 것처럼 보인다고 말하는 한 교회 지도자와 대화를 나눈 적이 있다. 나는 그에게 학교 교실 벽에 무엇이 게시되든 상관없이 학교는 주중에 가정을 보살피는 교회이므로, 학교는 교회 공동체를 지원하는 또 다른 교회인 셈이라고 말해주었다. 단지 시설물의 차이로 교회인지 아닌지 규정할 수는 없다.

기독교 학교 사역과 교회 사역을 이분법적으로 바라보는 또 다른 예는 교회가 학교 사역을 시작하려는 계획 단계에서 드러난다. 어떤 사람들은 단지 소수의 가정만이 이 학교 사역의 대상이 되기 때문에 학교 사역을 시작해서는 안 된다고 주장할 것이다. 또 다른 사람들은 학교 사역이 가져다줄 주변 지역의 경제적 수익에 근거하여 학교 사역을 시작할지 말아야 할지 결정해야 한다는 의견을 내놓을 수 있다. 그런데 교회가 전도 프로그램을 시작하려고 하면 여기에는 논쟁의 여지가 없을 것이다. 전도 사역은 성경적이기 때문이다. 교회 안의 특권층이나 경제적 수익성이 교회가 이웃을 초청하고 복음을 전하는 사역의 근거가 될 수 없다.

나는 교회의 재정을 사용하는 측면에서 학교 사역을 교회의 다른 사역과 다르게 취급하는 것을 본 적이 있다. 어떤 성도들은 교회의 십일조와 헌금이 학교 사역을 지원하는 데 쓰여서는 안 된다고 말하기도 했다. 그들은 학교 사역에 참여하고 학교를 실질적으로 사용하는 사람들이 그 비용을 부담해야 한다고 주장했다. 그러나 교회의 부속 기관(예를 들어, 상담소, 수양관)의 경우에는 그와 똑같은 신학적 관점을 적용하지 않는다. 만약 이런 교회 부속 기관을 이용하는 가정이 매월 비용 청구서를 받는다면, 거센 항의가 일어날 것이다. 교회 지도자들과 성도들은 교회 사역과 기독교 학교 사역을 이분법적으로 분리하려는 사고의 틀을 깨야 한다.

다른 한편으로, 상당수의 기독교 학교는 주변의 지역 교회를 지원하는 당연한 사역에 적극적으로 참여하지 않는다. 학교의 담당자와 지도자들은 목회자들이 학교 사역을 지원하지 않는다고 보기 때문에 결국 교회에 비협조적이다. 기독교 학교는 지역 교회 안에서 어떤 일이 일어나는지 고려하지 않고 단지 교육 과정과 활동을 확대하는 일에만 계속 집중할 뿐이다. 학교 지도자가 지역 교회의 목회자를 점심시간이나 학기 첫날 학교를 소개하는 날에 초청해서 학교 사역에 참여시키려고 하지만, 지역 교회 목회자의 참여가 저조한 것이 현실이다.

이런 교회와 학교 사이의 갈등은 기독교 학교에 다니는 학생에게서도 발생한다. 기독교 학교에 다니는 학생들은 하나님 말씀에 대한 상당한 수준의 지식을 쌓았기 때문에, 주일에 이루어지는 주일학교나 학생회 모임이 그들에게 흥미와 도전을 주지 못할 수도 있다. 때로는 학생들이 주일학교 교사보다 성경을 더 잘 알 수도 있다. 그 학생은 교회의 소그룹 모임과 프로그램에 적극적으로 참여하지 않을 것이다. 또한 기독교 학교 학생은 또래 친구들에게 복음을 전하는 교회의 사역에 관심도 없고 참여하지도 않을 것이다.

이와 같은 현실적 문제를 해결하는 방법은 무엇인가? 어떻게 학교와 교회가 조화를 이룰 수 있는가? 두 질문의 답은 지금까지 말한 하나님나라 교육의 원리에서 찾을 수 있다. 하나님나라 교육이 추구하는 원리에는 교회와 학교에서 활용할 수 있는 개별적 프로그램이나 행정 운영 방식을 뛰어넘는 내용이 담겨 있다. 하나님은 가정과 교회와 학교가 협력하여, 이 세상을 그리스도께 인도하는 일꾼으로 다음세대를 준비시키는 일에 집중하기를 원하신다. 믿음의 지도자들은 재정, 시설물, 프로그램에 관련된 문제로 논쟁할 시간이 없다. 다음세대를 교육하기 위해서는 교회와 학교가 협력하는 데 노력을 기울여야 한다.

기독교 학교는 다음세대의 삶에서 중요한 위치를 차지하고 있는 교회를 대신하려고 해서는 안 된다. 하나님나라 교육에 참여하는 학교는 지역 교회를 든든하게 세우는 것을 목적으로 삼아야 한다. 기독교 학교 운영 책임자와 대화를 나누다 보면, 학생들이 다양한 교단의 교회에 소속되어 있다는 사실을 듣고 놀라곤 한다. 버지니아주의 린치버그 기독교사립학교에서 총책임자로 섬길 때, 학생들이 출석하는 교회에 관해 설문 조사한 적이 있었다. 놀랍게도 80개가 넘는 교회의 학생들이 재학 중이라는 결과가 나왔다. 여기에서 우리는 학교가 수고하여 교회를 든든히 세울 귀중한 기회를 얻었다는 사실과 그만큼 학교에 막중한 책임이 있음을 깨닫는다.

모든 기독교 학교는 믿음의 자녀인 학생들이 지역 교회가 펼치는 사역에 적극적으로 참여하도록 격려하고 그 중요성을 강조해야 한다. 가장 먼저는 기독교 학교와 관련된 지도자와 교사가 지역 교회에 활발하게 참여함으로써 삶의 모범을 보여주어야 한다. 학교는 지역 교회의 사역에 참여하도록 학생들을 격려하고 그 중요성을 가르치는 교육과정을 개발해야 한다. 하나님나라 교육의 원리를 따라 교육할 때, 비로소 교회는 학생의 삶에서 가장 중요한 위치에 자리 잡게 된다.

나는 기독교 학교 졸업생의 신앙과 실천을 주제로 박사학위 논문을 썼다. 기독교 학교를 떠난 지 5년과 10년이 지난 학생들이 연구 대상이었다. 기독교 학교에 다녔던 기간이 길었던 학생일수록 지역 교회에서 보다 활발하게 활동한다는 결과를 보여주었지만, 전체적인 결과는 다소 실망스러웠다. 8년 이상 기독교 학교를 다녔던 졸업생들은 그 이하의 기간을 다녔던 학생들보다 두 배 정도 지역 교회를 꾸준히 출석하며 섬겼다. 그러나 그들의 교회 활동은 전반적으로 오전 예배와

주일 성경공부에만 한정되어 있었다.[2]

　물론 이런 현상은 오늘날 그리스도인의 삶에 일반적으로 나타나는 문제다. 하나님나라 교육은 학교가 지역 교회와 더 강력하게 연대하게 해줄 것이다. 또한 그리스도의 몸 된 하나의 지체로서 교직원과 교사, 학생 모두가 지역 교회에서 더욱 활발하게 능동적으로 각자의 역할을 감당하도록 이끌 것이다.

　미시시피주 올리브 브랜치에 위치한 남침례 교육센터(Southern Baptist Educational Center)의 전임 총재인 폴 영(Paul Young)은 "교회와 기독교 학교의 연합: 왜 그들은 힘들어하는가?"라는 제목의 글을 썼다. 여기에서 그는 학교와 교회가 성경적인 관계를 유지할 수 있는 방법에 대해 매우 날카로운 통찰을 제공한다. 교회와 학교가 모두 성경적인 참된 교육 철학을 이해해야만 가능하다는 것이다. 이 제안은 하나님나라 교육의 원리와 맥을 같이한다. 기독교 학교는 어떤 기관보다 기독교적이어야 한다. 폴 영은 기독교 학교 지도자에게 5가지 질문을 던진다.

1. 학교가 하나님의 지혜(하나님의 방법을 아는 것)보다 학문적 지식에 더 관심을 두는가?
2. 학교가 신앙적 인격을 키우는 것보다 전문적인 기술을 개발하는 데 더 관심을 기울이는가?
3. 학교가 기도하는 것보다 계획하는 데 더 중점을 두는가?
4. 학교가 영적인 원리보다 학교 규칙을 더 강조하고 있는가?

5. 학교가 교사 중심이 아니라 교과 중심적인가?[3]

기독교 학교가 하나님의 관점에 기반을 두고 이 5가지 질문에 답할 수 있다면, 교회와 건강한 관계를 형성할 준비를 마친 것이다. 성경적인 교육 원리가 학교와 교회를 운영하는 원동력이 된다면 놀라운 하나님의 역사가 일어난다. 교회와 학교가 하나님의 방법에 초점을 맞춘다면, 여러 철학적, 실천적 문제가 해결될 것이다.

하나님나라 교육은 가정, 교회, 학교가 연결된 세 겹 줄을 목표로 제시한다. 솔로몬이 한 겹 줄은 쉽게 끊어지지만 두 가닥이 함께하면 더욱 튼튼하다고 말했듯이 세 겹 줄은 더욱 쉽게 끊어지지 않을 것이다. 우선 학교는 돕는 역할(먼저는 가정을 그리고 교회를 지원하는 역할)을 인식해야 한다. 학교가 교회보다 더 중요한 기관(하나님의 말씀에 정반대되는 관점)이라고 생각해서는 안 된다. 학교와 교회가 서로 건강한 성경적 관계를 유지할 때, 교육은 효과적인 도구가 된다.

데릭 키넌(Derek Keenan)은 그의 논문에서 학교와 교회의 올바른 관계를 잘 요약했다. "교회와 학교의 관계가 건강하게 형성될 때 다양한 은사와 개성이 어우러져 제 역할을 하는 그리스도의 몸이 세워진다. 다음세대가 이런 훌륭한 공동체의 모습을 경험하는 것은 복된 기회다."[4]

다이아몬드가
보석 중의 보석인 것처럼
성경은 책 중의 책이다.
_로버트 보일[1]

13장.　　　　　　　　　　　　　　　말씀 중심의 학교 교육

　　미국 남침례 신학교 총장인 앨버트 몰러는 "성경 중심으로 실천되지 않는 기독교 교육은 거짓이다!"²라고 경고했다. 여기에서 한걸음 더 나아가 나는 '성경에 기반을 두지 않는 교육은 환상에 불과하다'라고 주장하고 싶다. 하나님의 말씀은 모든 지식의 기초다. 예수 그리스도는 하나님의 말씀이 결코 사라지지 않는 영원한 것이라고 말씀하셨다. 성경은 진리의 원천이다.

　　하나님나라 교육은 철저히 하나님의 말씀에 기반을 둔다. 그러므로 참된 교육은 성경에 기초를 두어야 한다. 만약 학교가 하나님나라 교육을 통해 가정을 도우려 한다면, 하나님의 말씀에 기반을 둔 교육을 실천하고자 힘써야 한다. 성경이 교실에서 사라지면, 하나님나라 교육은 실현될 수 없다. 불행하게도 정부가 운영하는 전 세계의 공립학교에서는 이미 성경이 사라졌다. 오늘날의 학교는 미국 사회에 팽배한 다원주의의 요구를 만족시키려고 애써왔으며, 거의 완전히 공교육의 현장에서 성경을 제거했다. 과학적 사실로 여겨지는 진화론의 가르침과 연결된 이 사회적 현실은 본질적으로 교육의 세속화를 가속화했다.

존 파이퍼(John Piper)는 완전히 세속화되어버린 교육의 결과를 인식하고 다음과 같이 말했다. "상상의 물결과 함께 신화론자들은 하나님의 존재를 지워버렸고, 그리스도를 지상에서 없애버렸다. 그런 다음 그들은 교실로 가서 사람답게 서로 존중하고 선한 일을 하라고 말한다. 그리고 청소년들이 학교에서 동물처럼 폭력을 행사하고 총기 난동 사건을 일으키는 이유를 궁금해한다."[3] 또한 1950년대에 게이블라인은 성경이 교육 현장에서 사라지는 현상에 대해 이렇게 기록했다. "우리 문화는 길을 잃었다. 하나님과 성경이 학교에서 영향력을 상실했기 때문이다. 사람의 권위와 그들이 이룩한 업적에 대한 자만심이 우주를 초월하는 하나님의 권위의 자리를 차지했다."[4]

교육이 세속화된 상황에서 미국 건국의 아버지들이 하나님의 말씀과 교육을 바라보는 관점을 살펴보면 흥미로운 점을 찾아볼 수 있다. 이 저명한 인물 중 가장 활발히 활동한 저술가는 벤저민 러시(Benjamin Rush)다. 그는 수차례 성경이 참된 교육의 필수 요소라고 과감하고도 분명히 밝혔다. 교실에서 하나님의 말씀이 사라지면 찾아올 결과에 대한 그의 관점을 생각해보자. "미국의 정치와 법 제도를 고려할 때, 교실에서 성경을 제거하면 범죄자를 처벌하는 데 많은 시간과 돈을 낭비하게 되고 결국 범죄 예방에 힘쓸 수 없음을 깨닫고, 후회할 것이다. 우리는 공화주의자라고 선언하면서 공화주의 정부를 수립할 수 있는 확실한 방법을 무시하고 있다. 즉, 성경을 통해 청소년을 인격적으로 교육하는 일을 소홀히 하고 있다는 말이다."[5]

오늘날 우리는 벤저민 러시의 예측이 현실이 된 것을 목격하고 있다. 지금 정부는 범죄를 예방하기보다는 처벌하는 일에 더 많은 비용과 시간을 쏟는다. 또한 벤저민 러시는 "어린 시절 배운 성경의 진리는 가슴과 머리에서 계속 작용하기 때문에 성경의 진리로 양육된 아이는 보다 현명하고 훌륭한 사람이 될 수밖에 없다"[6]라고 주장했다. 그는 성경이 사람이 구원받는 데 결정적인 역할을 한다고 보았고, 성경이 교실에서 사라진다면 구원 사역이 큰 타격을 입을 것이라고 생각했다. "구원 사역의 가장 큰 적은 이 세상에서 기독교를 말살하기 위해 효과적인 도구를 발명하지 않는다. 그들은 단지 학교에서 성경을 읽게 하는 것이 잘못된 일이라고 설득할 뿐이다."[7]

미국의 초대 국회의원 피셔 에임스(Fisher Ames)는 수정헌법 1조의 내용을 제안했다. 그는 수정헌법 1조가 정부와 종교를 분리시킬 것이라고는 생각하지 못했다. 에임스는 새롭게 추가된 교과서를 보았을 때, 학교 교육 과정에서 성경의 비중이 약화될 것을 염려했다. 1809년에 그는 다음과 같은 우려를 내비쳤다. "학생들을 위해 새로운 교과서가 추가되어야 한다면, 교육을 위해 성경도 새로운 교과서로서 이전의 위치를 되찾아야 한다. 성경이 가르치는 도덕은 완전하고, 그 도덕적 본보기는 마음을 사로잡으며 고귀하기 때문이다. 어렸을 때 각인된 거룩한 책에 대한 깊은 경외감은 오래 지속된다. 그래서 성경이 어린 시절에 마음속 깊이 새겨지지 않는다면 결코 사람의 마음을 확고하게 사로잡지 못할 것이다."[8]

교육 과정에서 성경의 중요한 역할을 잘 인식했던 저명한 정치인

노아 웹스터(Noah Webster)는 성경을 단지 학교 교과서로 취급한다면 결국 하찮아 보이게 될 것을 걱정했다. "이 거룩한 책을 부주의하게 경외심 없이 읽는 습관의 타성이 마음에 주는 교훈적 영향력을 약화하지는 않을까?…내 소망은 학교에서 성경을 배제하는 것이 아니다. 성경이 신앙과 도덕에 대한 하나의 체계로 사용되는 것을 보는 것이다."[9]

지난 50여 년간 수천 개의 기독교 학교가 새롭게 세워졌다. 등록 학생과 재적 학생 수도 꾸준히 증가하고 있다. 또한 지난 몇십 년 동안, 자녀를 직접 교육하는 홈스쿨링으로 전향하는 부모도 계속 늘어나는 추세다. 세속화된 공교육이 낳은 진리의 진공 상태가 이 두 가지 흐름을 야기했다. 기독교 학교와 홈스쿨링 가정은 교육을 위해 애쓸 때 하나님의 말씀을 머릿돌로 삼아야 한다. 그러지 않으면 세속화된 공교육과 마찬가지로 절망스러운 결말을 맞이할 것이다.

성경을 학교 예배와 성경 수업에서만 사용하거나 학문의 바깥 영역에 있는 것으로 제한하는 현상이 있다. 이런 현상이 나타나는 학교는 참된 하나님나라 교육에서 멀어지기 시작한다. 시애틀 퍼시픽대학교 총장인 프랭크 스피나(Frank Spina)는 "무엇이 기독교를 기독교답게 만드는가?"라는 제목의 글에서 이렇게 말한다. "기독교적인 내용이 모든 수업에 중심이 될 때, 기독교 학교는 기독교성을 지니게 된다. 기독교적 관점에서 모든 수업 과목을 다루어야 한다."[10]

또 앨버트 그린(Albert Greene)은 다음과 같은 말로 중요한 사실을 일깨워준다. "하나님이 창조하신 세상을 탐구하는 일반 교과목이 마치 하나님과 전혀 상관없는 것처럼 다루어진다면, 그것은 하나님의 영을 경외하지 않는 행위다. 일반 교과목은 그 자체로 의미와 가치가 있다. 일반 교과목은 하나님이 자신을 알리시는 방식(일반 계시)을 탐구하기 때문이다…일반 교과목은 하나님 말씀(특별 계시) 안에서 통합되어야 한다."[11]

하나님의 계획 안에서 다음세대를 교육하기를 소망한다면, 하나님의 말씀이 반드시 모든 수업을 통제하는 기준점이 되어야 한다. 만약 이 일에 실패한다면 하나님나라 교육은 망상에 불과하게 된다. 학교는 어떻게 성경을 모든 교육의 기반이 되게 할 수 있을까? 이 일은 학교 지도자(이사, 행정 직원, 교사)와 함께 시작된다. 그들은 성경을 개인적 연구의 주요 원천으로 여겨야 한다. 다시 말해, 서적과 논문보다 말씀을 연구하는 데 더 많은 노력과 시간을 투자해야 한다.

해가 쨍쨍한 오후에 야외로 나갔다고 상상해보자. 눈부신 햇살을 피하기 위해 선글라스를 쓸 것이다. 만약 초록색 렌즈의 선글라스를 썼다면 모든 것이 초록색으로 보일 것이다. 갈색 렌즈를 쓰면 모든 사물이 갈색으로 보일 것이다. 원래 색과 상관없이 모든 사물이 렌즈의 빛깔로 보인다.

우리는 삶 속에서 하나님의 말씀이라는 선글라스를 써야 한다. 하나님나라 교육을 실천하는 사람은 학생들에게 가르칠 과목을 연구할 때마다 하나님의 말씀이라는 안경을 써야 한다. 이런 작업을 통해 모든 교과목이 하나님 말씀의 색으로 칠해질 것이다. 교사는 교육할 내용을 세상의 관점이 아닌 하나님의 관점으로 보게 될 것이다. 이렇게 할 때 교사는 수업을 준비하면서 오류와 진리를 분별할 수 있게 된다. 예수 그리스도가 진리 자체이시기 때문이다. "그분은 창조 세계 안의 다양한 영역에서 나타나는 하나님을 드러내는 것을 기뻐하신다… 학문성이 학교의 모든 것이라는 생각에서 벗어나야 한다. 높은 학문을 추구하는 것은 목적이 아니다. 하나님이 창조하신 세상 안에서 그리고 그 세상을 통해 하나님을 알아가는 것이 가장 중요하다."[12]

오늘날 교육의 현장 어디서나 학문적 탁월성만 추구하는 모습을 볼 수 있다. 모든 사람은 뛰어난 지식을 얻으려고 부단히 애쓴다. 하지만 하나님의 말씀에서 벗어난 지식을 추구하는 지성은 결코 참된 지혜가 될 수 없다. 하나님의 말씀만이 모든 학문과 삶에 참된 의미를 가져다주는 유일한 길이다.

나는 로이 로리(Roy Lowrie)에게 많은 빚을 졌다. 그는 기독교 학교 교육에 관련해서 많은 조언과 도움을 주었다. 로이는 성경에 기반을 둔 교육의 중요성을 다음세대의 삶에 심어주는 일에 평생을 헌신했다. 그를 처음 만난 날, 그는 아직까지도 내 마음 깊이 새겨진 감동적인 예를 보여주었다. 그는 한 손에 책 한 권을 들고, 다른 한 손에는 하나님 말씀인 성경을 들었다. 첫 번째 책은 사람이 쓴 책을 의미했다. 이어서 그는 사람의 책과 하나님의 책을 통합할 수 있는 3가지 길을 제시했다.

첫 번째 방법은 성경을 사람의 작품으로 보는 것이다. 두 책 사이에서 일어나는 모든 모순을 사람의 작품이라는 관점에서 다루는 것을 의미한다. 성경을 읽다가 사람의 관점과 모순되는 부분을 찾으면, 그 부분을 오류로 분류하고 삭제하는 것이다. 예를 들어, 성경 이야기가 과학 시간에 배운 내용과 충돌할 때, 성경 이야기는 신화로 간주한다. 과학이 더 합리적인 것으로 여겨지기 때문이다.

사람의 책과 하나님 말씀에 대한 두 번째 관점은 그 둘을 동등하게 보는 것이다. 이 방법에 따르면 두 권의 책을 읽는 독자가 무엇이 진리이고 무엇이 오류인지 결정하는 기준이 된다. 개인이 사람의 책과 하나님의 책 중에서 하나를 선택할 수 있다. 그리고 무엇이 옳은 것인지, 무엇을 가르쳐야 하는지도 결정할 수 있다. 첫 번째 방법과 두 번째 방법의 공통점은 사람이 진리와 거짓을 판단하는 주체가 되는 것이다.

사람의 책과 하나님 말씀을 같이 사용하는 세 번째 방법은 하나님의 말씀을 통해 사람의 책을 살피는 것이다. 이때 성경이 오류를 규정하고 진리를 구분하는 여과 장치와 같은 역할을 한다. 그리스도인이 성경이 무오하고 절대적이며 영원한 하나님의 말씀이라고 믿는다면, 성경이 모든 연구 주제를 면밀히 검사하는 도구라는 사실도 믿어야 한다. 하나님 말씀이 교육의 영역에서 모든 가르침을 통합하는 적절한 위치를 차지하지 못한다면, 사람의 책이 하나님의 책보다 더 신뢰할 만한 것이라고 말하는 셈이다.

학교의 이름이 무엇이든 상관없이, 하나님나라 교육은 하나님의 말씀이 모든 교육의 중심이 되는 곳에서 실행된다. 그리고 성경적 세계관에 따라 행동하고 생각하는 교사를 통해 이루어진다. 교사들이 수업 내용을 연구하고 준비하는 만큼 하나님 말씀을 공부할 때만 하나님나라 교육이 이루어지는 것이다. 하나님나라 교육은 하나님의 말씀을 신앙과 배움을 통합하는 유일한 방법으로 삼으라고 요구한다. 학교는 성경 말씀과 이런 관계에 있어야 한다. 그러지 않으면, 하나님의 관점에서 출발하는 교육을 실천할 수 없다.

이번 장에서는 가정이 가르쳐야 하는 성경적 신앙과 가치를 학교가 지지해야 한다는 사실을 살펴보았다. 가정과 학교가 올바르게 각자의 역할을 감당할 때, 다음세대의 마음과 머리에 하나님나라 안에서 교회의 중요성을 심어줄 수 있다. 마지막으로, 참된 교육을 실천하기 위해 하나님의 말씀이 어떻게 가정과 교회와 학교에서 교육되는 모든 과목을 통합하는지를 다루었다.

하나님나라 교육은 다음세대 교육을 위한 하나님의 계획을 분명히 드러낸다. 하나님나라 교육을 실천하기 위해 그리고 하나님의 계획 안에서 다음세대를 제대로 준비시키기 위해, 자녀가 다닐 학교에 관해 몇 가지 중요한 결정을 내려야 한다.

5 다음세대의 미래

하나님나라의 확장을 위한
하나님의 계획은
하나님과 그분의 백성 사이의
관계에 달려 있다.[1]
_헨리 블랙커비

14장.　　　　　　　　　　　　　　　　　　　　이원론의 위험성

　　지금까지 하나님의 말씀에 따라 세워진 하나님나라 교육의 원리에 깊은 주의를 기울이면서 많은 도전을 받았으리라 믿는다. 이 책을 읽는 모든 이가 '예수 그리스도의 교훈과 훈계'로 다음세대를 훈련하려면, 반드시 가정과 교회와 학교가 협력해야 함을 확신하기를 기도한다. 우리가 다음세대의 미래를 준비할 때, 하나님나라 교육에 참여하고자 하는 열정을 가로막는 숨겨진 위험이 있음을 이해해야 한다. 앨버트 그린은 그 위험을 '이원론'으로 규정한다.[2]

　　이원론은 삶을 두 개의 영역으로 나누려는 시도다. 그렇게 나눈 삶의 영역을 각각 두 개의 세계관으로 운영한다. 다시 말해, 삶의 한 부분은 인간 중심적 세계관으로 살아가고, 다른 부분은 하나님 중심적 세계관으로 살아가는 방식을 의미한다. 패트릭 몰리는 두 개 이상의 신앙 체계를 하나로 합치려는 시도를 이원론적 삶의 형태 중에서도 혼합주의로 정의한다. 그는 이러한 행태를 "최고의 기독교적 삶의 관점과 최고의 사람 중심적 삶의 관점을 동시에 추구하려는 시도이고, 그리스도를 예배하지만 동시에 우상을 포기하지 않는 것이다"[3]라고 설명한다. 구약 전반에 걸쳐 하나님은 이스라엘 백성에게 주변 다른 민족의 신앙에 섞이지 말라고 경고하신다. 하나님의 백성이 "다른 문화와 결혼"하지 않도록 경고하신 것이다.[4] 하나님은 만약 이런 일이 일어나면, 이스라엘 백성이 이방 문화에 젖어들어, 결국 그들의 마음이 다른 신을 향하게 될 것이라는 사실을 알고 계셨다. 예전에 성인 그리스도인들에게 이와 같은 사실을 설명하기 위해 단어 게임을 한 적이 있었다. 내가 한 단어를 제시하면 모임에 참여한 사람들이 그 단어에서 연상되는 또 다른 단어를 말하는 게임이다. "뜨겁다"라는 단어로 시작하자 곧바로 누군가가 "차갑다"라고 대답했고, 나는 그것이 정답이라고 말해주었다.

다시 "위"라는 단어를 제시하자마자, 참여자 모두가 동시에 "아래"라고 외쳤다. 이와 같이 "안"이라고 하면 사람들은 "밖"이라고 대답했다. 그들은 제대로 반응했다. 마지막으로 "세속적인"이라는 단어를 제시하자, 한목소리로 "거룩한"이라고 외쳤다. 그들은 내 의도대로 대답했다. 너무나 많은 그리스도인이 삶이 상반된 두 가지 영역으로 나누어진 것처럼 살아간다.

우리는 세속적인 삶과 거룩한(영적인) 삶이 존재한다고 믿을 때가 많다. 이것이 바로 많은 그리스도인이 주일에는 그리스도인처럼 보이지만, 바로 다음 날인 월요일 아침부터 전혀 다른 삶을 살아가는 이유다. 삶에 두 가지 영역(세속적인 영역과 영적인 영역)이 있다고 믿으면 이원론이라는 위험에 빠지게 된다. 그 결과는 파괴적이다. 이원론은 일상의 삶을 서로 관련이 없는 별개의 영역으로 나누어버린다. 어떤 이들은 삶의 의미와 목적을 찾으려고 애쓰지만, 삶을 통합할 수 있는 요인이 없기에 실패한다. 그들은 활기 넘치는 그리스도인의 삶을 살아갈 수 없기 때문에 좌절한다. 사회는 계속 변화한다는 핑계로 풍성한 삶에 대한 불만족을 정당화한다. 결국 더 이상 역동적이고 활기찬 그리스도인의 삶을 살아갈 수 없게 된다.

이보다 더 위험한 것이 있다. 바로 교육도 마찬가지로 영적인 것과 세속적인 것으로 이분할 수 있다고 믿는 경향이다. 호러스 맨(미국 공교육의 아버지)은 다음과 같이 말하며 이 현상을 다르게 표현했다. "가정과 교회는 신앙과 가치만 가르치게 하고, 학교는 과학적 사실(진리)을 가르치게 하라."[5] 수학, 과학, 역사, 국어, 미술은 세속적 교과목인 반면 성경은 종교 과목이라고 믿는 것이다. 그렇다면 결국 그리스도인 교사만이 성경의 진리를 우리 자녀의 마음과 머리에 심어주게 될 것이다. 동시에 수학, 과학, 역사와 같은 과목의 전문적 지식을 갖춘 사람만이 이 과목을 교육할 자격을 갖춘 최고 교사가 된다. 이러한 논리적 추론은 치명적 결함이 있다.

지식의 모든 영역에서 믿음과 가치 체계는 분리될 수 없다. 교사가 지닌 믿음과 가치 체계가 학생에게 가르치는 교과목에 주입되어 있다는 뜻이다. 본질적으로 특정한 과목이 세속적이라고 믿을 때, 우리는 자녀의 마음과 지성에 영향을 끼치게 될 교사의 믿음을 무시하기 쉽다. 이것은 누구든지, 심지어 신앙이 없는 사람이 자녀들에게 이 땅에서의 삶의 진정한 의미를 설명할 수 있다고 인정하는 것과 다름없다. 이 세상이 하나님의 창조 작품인 것과 오직 그분만이 세상의 기원, 현재 상태, 미래의 종말을 설명할 수 있으시다는 사실을 어떻게 망각할 수 있는가? 나는 월터 에디거(Walter Ediger)의 말에 전적으로 동의한다. "하나님의 세상을 그분과 분리해서 설명하는 것은 불가능하다. 그런데 어떻게 하나님의 세상에 대해 가르칠 때 그분을 배제할 수 있다는 말인가?"[6] 그린은 다음과 같이 말한다. "모든 역사적 사실은 창조되었고, 하나님은 무의미한 것을 창조하지 않으셨기 때문에…역사적 사실과 의미를 분리할 근거는 없다."[7]

세속적인 사고방식이 다음세대 교육에 침투하게 내어주는 것은 삶을 조각조각 분리해서 바라보도록 가르치는 것과 다름없다. 즉, 하나님이 삶의 특정한 영역에는 관련이 있지만 또 다른 영역과는 전혀 관계가 없다고 믿도록 이끄는 것과 같다. 프린스턴 신학대학원의 A. A. 하지(Hodge)가 말한 다음의 내용을 생각해보자.

> 미국에서 특정 신념(신앙)을 공유하는 집단에게 각자가 진리가 아니라고 믿는 것을 공립학교 수업에서 제외할 권리가 주어진다면, 특정 신념을 고수하는 집단이 보다 포괄적인 신념을 학교에서 배제할 것이다. 그리고 아무 신념도 고수하지 않는 집단은 학교에 존재할 수 있는 모든 신념과 신앙을 제거해버릴 것이다. 즉, 무신론자나 회의주의자(신념에서 출발하는 모든 진리를 부정하는)와 같은 소수의 집단이 학교가 추구하는 진리를 거의 다 없앨 수 있다는 것이다.

나는 그리스도의 통치를 믿는 것만큼, 기독교의 신앙에서 분리되어

포괄적으로 발전한 중앙 집권적인 교육 체계가 사회 전반에 영향을 미치고 있다고 굳게 믿는다. 이러한 교육은 죄가 만연한 세상에서 경험할 수 있는 반기독교와 무신론 그리고 도덕, 사회, 정치에서의 반사회적 허무주의를 선전하기 위한 끔찍한 책략임이 증명되었다.[8]

B. H. 보드(Bode)는 1948년에 쓴 글에서 교육의 이원론적 철학이 지닌 파괴적인 속성을 깊이 있게 통찰했다.

교육과 신학의 건전한 조화가 무너진 시대 속에서 학교가 지식의 진보와 사회 환경의 변화를 주도하면서 전통과 교육의 일관성이 모순과 갈등으로 무너져버렸다. 그리고 그 결과가 현재 상황으로 이어졌다. 기계적인 물리학이 초자연주의에 도전하면서 진화론은 창세기의 이야기를 대신하게 되었다. 또한 심리학은 영혼에 관련된 전통적인 교리를 부정한다. 경제학은 지금까지 내려온 재산권에 위협을 가하고 있다. 이제 더는 도덕적 판단에 공통적인 기초가 존재하지 않는다.[9]

그리스도인은 어떻게 이원론을 피할 수 있을까? 그 답은 예수 그리스도와 함께하는 관계에서 찾을 수 있다. 다른 말로 설명해보겠다. 예수 그리스도를 삶의 주인이자 구원자로 받아들이면, 그분과 인격적인 사랑의 관계를 형성하게 된다. 예수 그리스도는 이 사랑의 관계가 개인적이고 친밀하며 삶의 모든 영역을 통제하는 요인이 되기를 원하신다. 이 사랑의 관계가 삶의 전 영역을 통제하지 못할 때, 이 관계는 깨어진다.

결혼의 비유는 이 사랑의 관계라는 개념에 빛을 비춰준다. 한 쌍의 커플이 결혼식을 올리는 장면을 상상해보자. 서로 사랑하는 예비부부는 단상 앞에 서서 주례자가 던지는 질문에 "네"라고 대답할 것이다. 그들은 결혼식을 마치고 신혼여행을 떠나서 행복한 시간을 보내고 다시 집과 일터로 돌아온다.

이 신혼부부의 월요일 아침은 어떨까? 남편은 아내에게 사랑한다고 말하고 출근할 것이다. 점심시간이나 휴식 시간마다 아내에게 전화해서 사랑한다고 말하기도 한다. 틈틈이 시간이 날 때마다 그렇게 할 것이다. 그런데 그가 퇴근하고서도 집으로 바로 달려오지 않는다. 직장 동료와 간단히 식사를 하고 볼링도 치면서 저녁 시간을 보낸 것이다.

남편은 자정이 되어서야 동료들과 인사를 나누고 집으로 향한다. 문을 열고 집으로 들어가자 아내가 거실로 천천히 걸어 나온다. 분명히 아내는 염려스러운 표정으로 "어디 갔었어요? 무슨 일 있었어요?"라고 물어볼 것이다. 아내는 남편에게 혹시라도 사고가 난 것은 아닌지 걱정했고, 경찰서와 병원에도 전화해봤다고 말한다. 그런데 그는 대수롭지 않다는 듯 "퇴근하고 친구들과 함께 시간을 보냈어요"라고 대답했다.

이 대답을 듣자마자 아내는 이혼을 결정할 정도는 아니지만 몹시 분노하며, "친구들을 만났다고요? 아무 연락도 없이? 왜 전화도 안 했죠? 당신은 나와 결혼했잖아요. 생각 없이 행동하지 말아요"라고 소리칠 것이다. 그러자 남편은 "그래, 나도 내가 결혼한 걸 알죠. 하지만 퇴근한 다음부터 자정까지는 결혼한 게 아니예요"라고 대답했다.

이 이야기를 읽으며 그가 어리석고 바보 같은 남자라고 생각할 것이다. 만약 이런 식으로 사는 사람이 있다면, 그의 결혼 생활은 곧 황폐해질 것이다. 부모와 자녀의 관계도 이와 같다. 갓 태어난 자녀가 병원에서 집에 오면 그때부터 전업 부모가 된다. 그런데 자녀에게 "나는 너의 부모야. 하지만 밤 12시부터 아침 6시까지는 아니야"라고 말할 수는 없다. 아마 이렇게 말하는 사람은 머지않아 어린 자녀와의 관계가 모든 삶에, 심지어 새벽 2시에도 영향을 준다는 사실을 몸소 체험할 것이다.

결혼 생활을 하는 시간과 부모 역할을 하는 시간을 분리할 수 있다고 자신 있게 말할 사람은 없을 것이다. 부부 관계와 부모 자녀 관계는 삶의 모든 영역에 영향을 줄 수밖에 없다. 그러지 않는다면 모든 관계는 붕괴될 것이다. 이 단순한 관계의 원리가 사실이라면, 왜 대부분의 그리스도인은 예수 그리스도와 맺은 관계에서는 다르게 행동할 수 있다고 생각하는가? 왜 세속적인 삶과 영적인 삶이 분리될 수 있다고 믿는가? 어째서 삶을 분리해서 세상 속에서 그리스도인이 아닌 것처럼 살아갈 수 있다고 믿는가?

헨리 블랙커비는 그의 유명한 저서 『하나님을 경험하는 삶』에서 이렇게 썼다. "하나님과 사랑의 관계를 맺는 것은 인생에서 가장 중요한 요소다…그리스도인다운 삶, 하나님을 알고 경험하는 것, 하나님의 뜻을 아는 것 등은 진실하게 하나님과 사랑의 관계를 맺는 것에 달려 있다."¹⁰ 이 사랑의 관계가 하나님나라를 확장하는 그분의 계획에서 가장 중요한 부분이다. 그러므로 이러한 사랑의 원리가 교육 분야를 포함해서 모든 삶의 영역에 적용되어야 한다.

이원론은 누구라도 하나님의 백성인 다음세대를 가르칠 수 있고, 하나님을 향한 그들의 믿음에 어떤 영향도 미치지 않는다고 믿게 할 것이다. 하지만 하나님나라 교육의 철학은 이와 완전히 다르다. 교육을 포함하여 모든 것을 영원한 관점에서 바라보아야 한다고 강조한다. 부모와 교회 지도자는 이원론에 잠재된 위험을 인식할 수 있어야 한다. 그리고 이원론의 위험성을 그들의 삶과 다음세대의 삶에서 몰아내기 위해 할 수 있는 모든 일을 해야 한다.

하나님나라 교육의 원리가 가정과 학교에 효과적으로 적용된다면, 전염병을 피하듯이 이원론적 사고를 하지 않게 될 것이다. 콜슨은 확신 있게 다음의 내용을 가정에 적용한다.

> 태초 이래로 변함없이 명확한 사실이 있다. 하나님의 법이 모든 삶의 영역에 관여하고 있다는 것이다. 은행 계좌부터 사업 활동, 학교 교육 과정, 사회 정의 문제, 환경 문제 그리고 투표소에서 이루어지는 정치적 선택에 이르기까지 삶의 모든 부분에 하나님의 선한 다스림이 반영되어야 한다…하나님의 요구에 순종함으로써 진리가 삶의 모든 영역을 아우른다는 확신을 가지고 기독교적 세계관을 올바르게 정의하고 가르쳐야 한다.¹¹

많은 그리스도인이 아무리 삶을 세속적인 영역과 거룩한 영역으로 나누려고 할지라도, 사실상 신앙(예수 그리스도와 맺은 친밀한 관계)을 삶의 한 부분에서 분리하는 것은 불가능하다. 만약 이렇게 분리하려 한다면 "살아 계신 하나님보다 자연 세계에 속한 것이 교육과 삶의 최우선 순위가 될 것이다…예수 그리스도 안에서 하나님을 섬기지 않는 사람은 모두 자연 세계의 무언가를 숭배하는 것이다."[12]

삶의 모든 영역이 성경 중심의 세계관으로 운영된다면, 다음세대 교육을 향한 하나님의 계획을 온전히 실천할 수 있을 것이다.

더 이상 기독교적 지성은 존재하지 않는다.
사고하는 존재로서 현대 그리스도인은
세속주의에 무릎을 꿇었다.[1]

_해리 블레어마이어스

15장.　　　　　　　　　　　　　마음과 생각을 새롭게 하기

　　해리 블레어마이어스(Harry Blarmires)는 『그리스도인의 생각: 그리스도인은 어떻게 생각해야 하는가?』(*The Christian Mind: How Should a Christian Think?*)에서 그리스도인이 가져야 할 관점에 대해 다음과 같이 말했다. "기독교적 지성을 갖춘 그리스도인은 영원에 대한 관점을 연마해야 한다. 다시 말해서 기독교적 지성은 이 세상의 삶을 넘어 영원의 삶을 기대하는 것이다. 이 영원에 대한 관점은 초자연적인 성향을 지향하고, 현실의 삶의 문제에 영원의 관점을 드리우는 것이다."[2] 블레어마이어스의 주장은 교육이 참으로 영적 전쟁이라는 사실을 다시 한번 일깨운다. 이 전쟁은 자녀들의 생각을 두고 벌어진다. 다음세대의 생각과 마음을 취하려는 이 전쟁에는 다양한 세력이 참여한다. 세상, 육체, 사탄은 모두 자녀의 마음을 빼앗고 싶어 한다. 그리고 그들은 지성을 통제하면 그들이 원하는 바가 이루어진다는 사실을 잘 알고 있다. 이를 어떤 사람은 다음과 같이 말했다.

생각을 심으면 행동을 거두고, 행동을 심으면 습관을 거두며, 습관을 심으면 성품을 거두고, 성품을 심으면 운명을 거두게 된다.

이 영적 전쟁은 극도로 중요하다. 그런데 자녀의 생각과 마음의 틀을 형성하는 방식을 알아보기 전에, 어른 그리스도인들이 해야 하는 일이 있다. 로마서 12장 2절에 나오는 하나님의 명령에 먼저 순종해야 한다. 바울은 "이 세대를 본받지 말고 오직 **마음을 새롭게 함으로**(renewing of your mind) **변화를 받[으라]**"(롬 12:2, 굵은 글씨 저자 강조)고 썼다. 그리스도인은 대부분 이 말씀을 알고는 있지만, 진정한 의미를 이해하는 사람은 드물다. 지금까지 우리는 오늘날의 일반적인 그리스도인들이 성경적으로 사고하지 못한다는 현실을 확인했다. 이것이 바로 오스 기니스가 오늘날의 그리스도인이 "문화를 이끄는 자라기보다는 문화의 모방자인 동시에 추종자"[3]라고 주장한 이유다.

일반적으로 미국의 성인 대다수가 하나님을 믿는다고 말한다. 연구 조사에 따르면, 세 명 중 한 명은 자신이 "거듭났다"라고 고백한다고 한다. 이에 대해 패트릭 몰리는 "그 많은 그리스도인은 도대체 어디에 있는가? 그리고 왜 그들의 신앙이 세상을 바꾸지 못하는가?"라고 질문한다. 그는 대부분의 그리스도인이 성경적으로 사고하지 않고 결국 세상 사람과 구별되는 행동을 하지 않는 현실을 지적한다. 그리고 이렇게 덧붙인다. "많은 그리스도인이 기독교를 세상 문화에 너무 정교하게 혼합해서 완벽히 위장한 상태가 되었다. 누구도 기독교를 구별해낼 수 없다."[4]

한번은 내가 출석했던 교회의 전 목사님과 내슈빌에서 애틀랜타로 향하는 비행기 안에서 대화를 나눈 적이 있다. 나는 교회의 성도 중 75퍼센트는 마음과 생각을 새롭게 하는 목적이 분명한 교육에 한 번도 참여하지 않았을 것이라고 말했다. 잠시 침묵한 후 목사님은 이렇게 대답했다. "글렌, 자네가 틀렸네. 그 비율은 훨씬 더 높은 85-90퍼센트 이상이 될 것이네!" 나는 이 대목에서 조지 바나 리서치 그룹이 10년 동안 연구하고 조사하여 내린 결론, 즉 오늘날 그리스도인 중 단지 7-8퍼센트만이 성경적으로 사고한다는 사실을 다시 언급하고 싶다.[5] 오늘날 교회 공동체는 미국 역사의 초기에 그랬던 것처럼 성경적 관점에서 생각하거나 행동하지 않는다.

마음과 생각을 새롭게 하라는 하나님의 명령에 세심하게 주의를 기울이지 않는다면, 다음세대를 향한 하나님나라 교육의 임무를 실천하려고 시도조차 하지 않을 것이다. 성경적으로 생각하고 행동할 때만 하나님나라 교육을 실천할 수 있다. 기니스는 "모든 그리스도인은 진리인 하나님의 말씀과 그분의 영에 따라 '**형성되고**', '**지도받으며**', '**재교육**'된 기독교적 방법으로 언제나 '모든 것을' 생각하게 될 때(굵은 글씨 저자 강조)"[6] 그 일이 가능하다고 말한다. 그때서야 비로소 다음세대를 향한 하나님의 계획을 이해하게 될 것이다. 한 사람의 생각이 새로워지면 일어날 일을 정확하게 이해하기 위해, 바울이 고린도 교회에 권면한 내용을 살펴보자.

우리가 육신으로 행하나 육신에 따라 싸우지 아니하노니 우리의 싸

우는 무기는 육신에 속한 것이 아니요 오직 어떠한 견고한 진도 무너 뜨리는 하나님의 능력이라 모든 이론을 무너뜨리며 하나님 아는 것을 대적하여 높아진 것을 다 무너뜨리고 모든 생각을 사로잡아 그리스도 에게 복종하게 하니(고후 10:3-5, 굵은 글씨 저자 강조).

찰스 스윈돌(Charles Swindoll)은 『탁월성을 키우라』(*Living Above the Level of Mediocrity*)라는 책에서 고린도후서 10장 3-5절을 생생하게 설명한다. 그는 고대 사회에서 도시를 보호하기 위해 성벽을 쌓는 방법을 설명한다. 그 당시에는 성벽의 중요한 연결 부위에 높은 망대를 세워 적을 내려다볼 수 있는 전략적 장소를 만들었다. 도시가 공격 당하면 전쟁 전략가들을 이 망대에 배치해서 적을 상대로 도시 방어를 진두 지휘하게 하기 위함이다. 따라서 그 도시를 함락하기를 원하는 이들은 우선 그 전략가를 사로잡는 일이 핵심 전술임을 잘 알고 있었다. 그렇게 함으로써 도시 방어 전략을 무력화할 수 있기 때문이다.[7]

바울은 마음과 생각을 새롭게 하는 것을 영적 전쟁으로 설명한다. 이 전쟁에서 우리는 하나님의 능력으로 성벽(전통적인 요새)을 분석하고, 높은 망대(사람의 주장)에 올라서서 모든 마음과 생각(군사 전략가)을 사로잡아야 한다. 우리의 마음과 생각은 그리스도 예수와 하나님 말씀에 사로잡혀야 한다. 다시 말해, 삶의 전 영역에 대한 마음과 생각을 하나님의 말씀이라는 예리한 눈으로 자세히 점검해야 한다. 만약 생각이나 신념이 하나님의 말씀 편에 서 있지 않다면, 그 생각과 신념을 불순종으로 인정하고 즉시 몰아내야 한다.

느헤미야에 이와 비슷한 독특한 영적 전쟁의 장면이 나온다. 느헤미야에는 하나님이 선택하신 한 사람이 예루살렘 성벽을 재건하는 과정이 기록되어 있다. 이 성벽 재건 이야기는 훌륭한 리더십과 하나님의 뜻을 수행할 때 맞닥뜨리는 반대를 다루는 방법에 대한 통찰력을 제공하는 사례로 연구된다. 하지만 느헤미야에서 한 사람이 거룩한 삶을 세워가는 방법에 대한 비유도 발견할 수 있다. 먼저 느헤미야 13장 4-5절에서 특별한 관계를 맺은 두 인물을 살펴보자.

> 이전에 우리 하나님의 전의 방을 맡은 제사장 엘리아십이 도비야와 연락이 있었으므로 도비야를 위하여 한 큰 방을 만들었으니 그 방은 원래 소제물과 유향과 그릇과 또 레위 사람들과 노래하는 자들과 문지기들에게 십일조로 주는 곡물과 새 포도주와 기름과 또 제사장들에게 거제물을 두는 곳이라(느 13:4-5).

처음에는 이 두 인물의 관계가 순수해 보이지만, 엘리아십과 도비야가 누구인지 알면 매우 다른 그림을 그려볼 수 있다. 엘리아십은 대제사장이었고, 동료 제사장들과 함께 성벽 재건을 도왔다. 느헤미야 3장 1절에는 이 제사장들이 양문을 재건하는 장면이 묘사된다. 반면 도비야는 느헤미야를 괴롭히는 인물이었다. 그는 성벽 재건하는 일을 조롱하고, 작은 여우 한 마리만 올라가도 성벽이 무너질 것이라고 예언했다. 도비야는 예루살렘에서 하나님의 계획이 이루어지지 못하도록 계속해서 방해하고, 심지어 느헤미야를 해치려는 음모를 꾸몄다.

성벽을 재건하는 이 이야기에서 이상한 점을 발견했는가? 예루살렘 성벽이 완전히 재건되어서 예루살렘은 안전하고 평안했다. 그러나 모든 것이 완벽해 보였을 때, 큰 문제가 발생했다. 새 성전 안에는 제사장과 지도자들이 관할하는 작은 방이 있었다. 하나님을 예배하고, 성전에서 사용되는 거룩한 물건을 보관하는 방이었다. 엘리아십은 자신의 권한을 적절히 행사하지 못하고, 사악한 도비야가 불결한 물건을 가져오도록 허용했다.

이 사건은 오늘날 많은 그리스도인이 삶에서 일어날 수 있는 상황을 정확히 보여주는 그림이다. 그들은 구원에 확신을 가지고 있다. 밖에서 볼 때 그들에게는 아무 문제가 없어 보인다. 주일마다 교회에 가고, 성경을 가끔 묵상하며, 정기적으로 헌금도 드린다. 외부 공격을 방어할 성벽은 잘 갖춘 것처럼 보인다. 하지만 그들 가운데 기만적이고 위험한 일이 일어나고 있다. 오늘날 그리스도인은 삶의 중심부에 스스로 권한을 행사하는 자기만의 작은 방을 만들어놓는다. 하나님은 이 방에 거룩한 물건을 놓기를 원하신다. 삶의 주인이자 구원자이신 예수 그리스도를 위한 예배에 필요한 것으로 채우시길 바라시는 것이다. 그러나 엘리아십과 같이 오늘날의 그리스도인도 사악한 도비야에게 그 방을 넘겨주고 세속적인 물건들을 채우는 것을 허용한다.

누군가는 이 글을 읽고 '도대체 무슨 방을 말하는 것인가?' 하는 의문이 들 수도 있다. 이 방은 우리의 마음과 생각의 방을 의미한다. 마음과 생각의 방에 대한 권한이 우리 각자에게 주어졌다. 또한 이 방을 유지하고 새롭게 하도록 교육도 받았다. 그래서 성경적으로 사고하고 행동할 수 있다. 그러나 안타깝게도 우리 중 너무나 많은 사람이 하나님의 마음과 생각으로 가득 채워야 하는 그 방에 도비야가 편안히 머물도록 허용한다. 우리는 모든 것이 편안하다고 생각한다. 왜냐하면 교회에 출석해서 좋은 설교를 듣고, 성경도 읽으며, 때때로 하나님께 기도하고 있기 때문이다. 마음과 생각을 새롭게 하는 데 이 정도면 충분하지 않은가? 결코 그렇지 않다! 마음과 생각을 새롭게 하는 것은 전쟁과 같다. 이 전쟁은 단순히 하나님의 말씀을 읽고 듣는 것 이상의 문제다. 지금 바로 공격을 시작해야 한다. 그로써 우리의 생각, 행동, 습관, 성품까지 그리스도께 사로잡히게 해야 한다.

이제 엘리아십이 했던 일을 느헤미야가 알게 되었을 때 그가 보인 극단적 반응을 살펴보자.

> 예루살렘에 이르러서야 엘리아십이 도비야를 위하여 하나님의 전 뜰에 방을 만든 악한 일을 안지라 내가 심히 근심하여 도비야의 세간을 그 방 밖으로 다 내어 던지고 명령하여 그 방을 정결하게 하고 하나님의 전의 그릇과 소제물과 유향을 다시 그리로 들여놓았느니라(느 13:7-9).

느헤미야는 엘리아십과 도비야가 행한 일을 내버려두지 않았다. 그는 그들의 행동을 전쟁으로 보고, 이 파괴적인 상황을 몇 단계에 걸쳐 구체적으로 바로잡아간다.

1. 그는 이 상황을 두고 심각하게 걱정했다.
2. 도비야의 모든 물건을 방 밖으로 던져버렸다.
3. 그 방을 깨끗하게 청소했다.
4. 마지막으로 도비야의 물건을 하나님의 물건들로 대체했다.

느헤미야의 반응은 우리가 정기적으로 행해야 할 행동 양식이다. 자신의 마음이 이 세상의 생각으로 가득하다는 사실을 깨달았을 때, 위험하고 파괴적인 상태에 있음을 깊이 슬퍼해야 한다. 그리고 세상의 생각들을 마음의 방 밖으로 몰아내고, 그리스도께 회개함으로써 마음과 생각을 정결하게 해야 한다. 마지막으로, 마음의 방을 하나님의 생각으로 가득 채워서 그분을 알아가고 그분의 목적과 방법을 이해해야 한다.

몇몇 사람은 이 이야기가 자신과 상관없다고 생각할 수도 있다. 그러나 20년 이상 그리스도인으로 살아온 신자도 쉽게 간과하는 점이 있다. 바로 우리가 죄 가운데 태어났다는 사실이다. 도비야의 생각과 행동은 이러한 죄 된 본성에 기인한다. 앞에서 말했듯이 자신의 신앙과 가치관을 철저히 평가하는 과정을 거쳐야만 생각과 마음을 새롭게 할 수 있다. 내가 경험한 바에 따르면, 신앙과 가치관을 평가하는 과정은 끝없는 전쟁과 같다. "오직 신앙 체계의 개혁으로만 삶에 변화를 일으키는 하나님의 지식을 다시금 우리의 문화와 사회로 가져올 수 있으며,"[8] 경건한 다음세대를 양육할 수 있다.

하나님나라 교육은 믿는 우리에게 그리스도의 마음과 생각을 갖추어 삶에 적용하고, 그것으로 삶을 통제하라고 요구한다. 이 영적 전쟁을 위해 스스로 무장하고, 생각을 면밀히 점검하며, 그 생각을 진리인 하나님 말씀 아래 가져올 때에야 비로소 하나님나라 교육의 요구가 실현될 수 있다. 바울은 골로새 교회의 그리스도인들에게 "누가 철학과 헛된 속임수로 너희를 사로잡을까 주의하라 이것은 사람의 전통과 세상의 초등학문을 따름이요 그리스도를 따름이 아니니라"(골 2:8)고 경고했다. 당신은 다음세대 교육을 어떻게 바라보고 있는가? 다음세대 교육을 사회의 전통에 따라 보고 있는가? 이 세상의 원리에 기초해서 보고 있는가? 아니면 그리스도와 하나님 말씀에 기반하여 바라보는가? 이 질문들에 대한 대답이 하나님의 계획에 따라 다음세대를 교육할 준비가 되어 있는지의 여부를 결정할 것이다.

오늘날 교육을 감당하는 사람들은
눈앞에 닥친 사소한 문제에
너무 몰두한 나머지 전체적인 전략을 무시한다.
그들은 전쟁의 이유조차 잊어버린 장군 같다.[1]

_필립 메이

16장.   실천으로 부르심

　　가정과 교회와 기독교 학교는 자녀의 지성과 마음을 사로잡는 전쟁에서 수행되는 전반적인 전략에 너무 오랫동안 무관심했다. 심지어 전쟁을 벌이는 이유도 잊어버렸다. 지금까지 나는 다음세대 교육에 관해 하나님이 수년간 가르쳐주신 교훈을 나누었다. 성경을 연구하면 할수록 하나님나라 교육의 원리를 이해하고 실천하는 것이 얼마나 중요한지 더 확신하게 된다.

　　이 교육 원리에서 멀어지는 움직임은 오랜 시간에 걸쳐 눈에 띄지 않게 서서히 이루어졌다. 반면 교육과 사회가 전체적으로 세속화되는 움직임은 오늘날 놀라운 속도로 전진하고 있다. 노드(Nord)는 미국의 세속화 현상을 이렇게 설명한다. "대부분의 미국인은 완전히 세속화된 삶을 살도록 주도하고, 세속화된 관점에서 세상을 바라본다…문화가 세속화되는 과정에서 우리는 종교를 개인화했다."[2] 바로 지금이 하나님의 계획에 따라 자녀를 교육하기 위해 즉시 하나님 말씀에 주의를 기울여야 할 때다. 특별히 하나님이 이스라엘 백성에게 주셨던 신명기 6장의 말씀으로 되돌아가기를 바란다. 다시 한번 강조하지만, 나는 그리스도인이 하나님께 초점을 맞추고, 온 마음과 뜻과 힘을 다하여 사랑하기 시작해야 한다고 전심으로 확신한다. 이것만이 하나님의 음성을 들을 수 있고, 하나님나라 교육의 명확한 방향성을 알 수 있는 유일한 길이다.

부모는 자녀의 교육을 완전히 책임져야 한다. 자녀 교육이 국가나 교회의 책임이 아님을 인식해야 한다. 이 책임은 하나님이 부모에게 주신 과제다. 이 책의 2부로 돌아가 부모의 역할에 대해 다시 읽기를 권한다. 다음세대를 교육하는 일에서 하나님이 요구하시는 부모의 역할을 마음에 새겨달라고 간구하라. 자녀에게 삶의 가장 중요하고 영원한 진리를 전수하지 못한 채, 단지 이 땅의 삶에서만 필요한 일시적이고 불필요한 것을 제공하는 데 힘과 자원을 낭비하지 않도록 주의해야 한다.

교회 목회자와 지도자도 하나님나라의 강력한 교육 원리를 주의 깊게 살펴보아야 한다. 그리고 교회에 출석하는 부모들에게 이 원리를 가르치기 위해 부단히 노력해야 한다. 설교, 주일학교, 제자훈련, 성경공부 등의 시간을 통해 일관성 있게 부모들을 교육해야 할 것이다. 둘째로 선교와 전도의 영역에서 하나님나라 교육의 원리를 교회 사역의 가장 중요한 측면으로 삼아야 한다. 적절하게 훈련하지 않는다면, 아이들이 성인이 되어서 교회의 지도자가 되었을 때 지상명령을 행할 수 없을 것이다.

일부 교회는 하나님이 교회 사역의 영역을 학교까지 확장하기를 원하신다는 사실을 알게 될 것이다. 반면 또 다른 교회들은 하나님의 이러한 뜻을 깨닫지 못할 것이다. 하나님이 어떤 교회에 기독교 학교 사역을 허락하시는지의 여부와 상관없이, 모든 교회는 하나님나라 교육의 원리에 따라 학교 사역을 지지하고 지원하는 일에 최선을 다해야 한다. 이러한 지지와 지원은 하나님께 선택의 문제가 아니다. 이것은 앞으로 교회가 걸어가야 할 길이다.

1925년 남침례회에서 채택하고 1963년에 개정된 '남침례교 신앙 선언문'(Baptist Faith and Message)에서는 기독교 학교를 지원하는 것을 교회의 핵심 사역으로 꼽았다.

> 하나님나라에서 교육은 선교와 구제의 명분과 동일한 우선순위에 놓여 있기에 교회의 풍부한 지원을 받아야 한다. 잘 갖추어진 기독교 학교 제도는 그리스도의 백성을 위한 온전한 영적 훈련에 필수적이다.[3]

이 선언문에서는 '기독교 학교'(Christian School)라는 용어가 '기독교대학이나 신학대학원'과 같은 고등 교육만을 의미하는 것이 아님을 명백히 지적한다.[4] 그리고 남침례회는 2000년에 이 선언을 확대하여 개정한다.

> 기독교는 이성과 지성을 바탕으로 한 신앙이다. 예수 그리스도 안에 모든 지혜와 지식의 보화가 있다. 그러므로 모든 건전한 배움은 기독교 전통의 일부다. 중생은 사람의 다양한 기능을 새롭게 하고 지식을 향한 열

망을 갖게 한다. 더욱이 하나님나라에서 교육은 선교와 동등한 우선순위에 놓여야 하고, 교회는 교육을 위해 아낌없이 지원해야 한다. **기독교 교육의 적절한 교육 체계**(기독교 학교)는 그리스도의 백성에게 필요한 영적 과정을 완수하는 데 필수적이다(굵은 글씨 저자 강조).[5]

교회는 그리스도의 백성에게 필요한 철저한 영적 성장 훈련을 위한 적절한 기독교 교육 제도에 대한 부르심에 주의를 기울여야 한다. 이 선언문은 다음세대 교육의 모든 영역에 동력을 제공하는 보편적 성경 원리 아래에서 가정, 교회, 기독교 학교가 하나가 되어야 한다고 지적한다. 또한 교리를 담은 이 선언문은 모든 교회가 마음 깊이 새겨야 할 모범을 보여준다. 하나님은 성경 전체에 걸쳐 다음세대 교육이 그분의 마음을 알아가는 일이라는 사실을 분명히 보여주셨다. 그러므로 교회는 다음세대 교육을 전적으로 후원해야 한다.

모든 교회는 그리스도 중심적이고 성경에 기초한 다음세대 교육 사역(예를 들어, 기독교 학교, 기독교 유치원 등)을 지원해야 한다. 만약 한 교회가 이와 같은 사역을 수행할 여력이 없다면, 차선으로 가정을 세우고 돕는 교육 프로그램이라도 제공해야 한다. 이런 사역이 이루어진다면, 모든 믿음의 가정이 신앙의 가치를 추구하고 하나님나라 교육 원리를 따르는 기독교 학교에 자녀를 보내고 싶어 하리라고 나는 확신한다.

사실 나는 많은 사람이 힘들어하고 반대할 만한 과격한 주장을 펼치고 있다고 생각한다. 몇몇 사람은 이 생각이 현재 지역 사회 공립학교에서 교사와 직원으로 재직하고 있는 그리스도인들에게 상처를 줄 수 있다고 말한다. 내가 여기서 하나님이 영적 전쟁을 위해 그리스도인을 배치하신 장소에 관해 말하는 것이 아니라는 점을 이해하길 바란다. 나는 아이들이 세상에서 빛과 소금이 되도록 온전히 준비시키기 위해 하나님이 어디에서, 어떻게 아이들을 훈련하고 교육하기를 바라시는지를 이야기하고 있다.

교회는 가정에서 자녀를 교육하기로 선택한 부모를 찾아서 지원해야 한다. 홈스쿨링이 빠른 속도로 증가하고 있다. 대개 홈스쿨링을 하는 부모는 가정이 성경적인 원리에 따라 교육할 수 있는 최적의 장소라고 믿는다. 홈스쿨링 가정도 그들이 출석하는 교회의 지원을 받아야 한다. 많은 교회에는 미디어 도서관, 음악, 연극, 레크리에이션에 필요한 시설과 인적 자원이 잘 갖추어져 있다. 이러한 교회는 성도뿐만 아니라 지역 사회를 섬길 엄청난 기회를 얻을 것이다.

오늘날 많은 교회가 기독교 학교 사역을 감당하고 있다. 그리고 매년 새롭게 기독교 학교 사역을 시작하는 교회도 증가하고 있다. 기독교 학교 사역을 감당하기 위해 취해야 할 몇 가지 주요 조치가 있다. 우선 학교를 교회 사역과 통합되는 장소로 만들어야 한다. 교회와 학교는 다음세대 교육에 시간, 공간, 일정, 재정, 물적 자원과 인적 자원까지 공유해서 다음세대 교육에 영향을 미치기 위해 협력해야 한다. 이제는 장소, 일정, 재정과 같은 문제 때문에 생기는 갈등은 끝내야 한다. 교회는 학교의 필요성을 인정하고 학교도 교회를 인정함으로써 두 성경적인 기관이 협력하여 지역 사회에서 복음의 열매를 맺어야 한다.

기독교 학교와 홈스쿨링 가정은 교육 과정 전체를 아우를 수 있는 그리스도 중심적이며 성경적인 교육 철학을 유지하는 데 온 힘을 기울여야 한다. 하나님의 말씀이 모든 가르침을 세우는 머릿돌이 되어야 한다. 교육 행정과 학교 운영에도 성경적 원리를 철저하게 반영해야 한다. 하나님나라에 중점을 둔 학교는, 성경 수업과 예배를 교육 과정에 덧붙여서 단순히 교육 과정만 기독교의 모습을 한 기관이 되는 것에 안주할 수 없다.

기독교 학교가 모든 면에서 예수 그리스도의 탁월하심을 본받고 있다면, 학문적 탁월성은 필연적 결과로 나타날 것이다. 학교가 예수 그리스도가 아닌 학문적 탁월성을 우선순위에 두면, 성경적 통합 교육을 포기하거나 타협하게 되어, 학교의 순수성을 잃어버리고 학문적 탁월성마저도 이룰 수 없게 된다. 기독교 학교가 단지 다른 기관과 같은 정도의 '훌륭함'에 머물지 않도록 세밀한 주의를 기울여야 한다.

마지막으로 하나님나라 교육을 실천하는 기독교 학교는 학생에게 교회의 중요성을 가르치는 데 집중해야 한다. 각 학생의 삶에 복음을 전하고자 하는 마음을 심어주기 위해서는 균형 잡힌 공동의 노력이 필요하다. 하나님나라의 교육을 받은 아이들은 지역 교회를 적극적으로 섬겨야 한다는 사실을 반드시 깨달을 것이다. 또 그리스도의 몸 된 지체로서 각 영역에서 자신의 역할을 잘 감당하려고 할 것이다. 이 땅에서 하나님나라가 확장되는 것을 보고 싶다면, 가정과 교회와 학교가 성경에 기초하여 다음세대를 교육해야 한다고 확신한다. 이렇게 교육한다면 자녀 한 명 한 명이 의미 있게 예수 그리스도를 섬길 준비가 될 것이다.

최근에 나는 다음세대의 신앙과 가치관을 형성하는 일과 관련해서 오늘날 사회에서 어떤 일이 일어나고 있는지 글로 적어보려고 했다. 갑자기 한 비유가 나의 생각을 사로잡았다. 그래서 글을 쓰며 그 비유를 연구했다. 내가 머릿속에 그린 현상이 사회 전반에 걸쳐 일어나고 있다. 그 비유를 연구한 내용을 나누어보겠다. 지금까지 읽은 내용의 관점으로 비유의 의미를 깊이 생각하기를 바란다.

부모는 어떻게 반응해야 할까?

네 명의 자녀가 저녁 내내 친구들과 놀고 있고, 해야 할 집안일은 모두 마무리했다. 그리고 당신과 배우자는 아무런 스케줄이 없다. '육아 퇴근'을 하고 자유로워진 시간을 어떻게 보낼 것인가? 얼마 전 동네에 시립 영화관이 생겨서 무료 영화가 상영되고 있다. 그래서 당신은 그 영화를 보러 가기로 한다.

영화관에 도착하고 보니 무료 영화가 무려 4편이나 상영되고 있다. 당신은 한 편만 볼 수도 있고, 4편을 다 볼 수도 있다. 그중 첫 번째 상영관으로 들어가 '관용'이라는 제목의 영화를 관람한다. 영화 제목은 흥미로워 보인다. 관객이 생각하게 만드는 스릴러물 같다. 영화가 시작되자 줄거리가 담고 있는 미묘한 주제 때문에 불편한 마음이 생긴다. 곧 그 주제가 동성애라는 것이 명확히 드러난다. 이 영화는 동성애를 정당화하고 지지하는 내용이다. 동성애도 다양한 관계 중 하나이므로 당연히 존중되어야 한다고 노골적으로 주장하는 것이다. 당신은 하나님의 말씀이 동성애를 타락의 결과로 규정하기에 불쾌함을 느끼며 곧장 상영관에서 나올 것이다.

당신은 다시 영화관의 홍보판을 보고 '안전지대'라는 영화를 보기로 결정한다. 이 영화는 액션물 같아 보인다. 기대하는 마음으로 자리에 앉자마자, 이 영화의 주제가 자유연애라는 것을 깨닫는다. 영화 '안전지대'는 청소년에게 이와 같은 삶의 방식이 가치 있다고 알려준다. 영화의 주요 메시지는 적극적인 성생활은 젊은이에게 자연스러운 일이기에 관습에 얽매이지 말고 자유연애를 하며 살아도 좋다는 것이다. 그리고 안전 수칙만 잘 지키면 자유연애로 야기되는 성병과 임신에서 안전하며, 안전 수칙을 성생활의 지침으로 삼아야 한다고 말한다. 당신은 또다시 이 상영관에서 나온다.

아직 영화 두 편이 남아 있다. 바로 옆 상영관에서 '사람의 내면'이라는 제목의 영화가 상영되고 있다. 이 영화는 긍정적인 자아상과 자존감을 높이 평가하는 내용이다. 모든 것을 희망적으로 보고, 삶의 의미를 찾고 싶다면 자리에 앉아서 평안한 마음을 가지라고 말한다. 하지만 얼마 지나지 않아 뛰어난 영상미를 자랑하는 이 영화가 신비주의적 뉴에이지 사상을 담고 있다는 사실을 알아차린다. 이 영화의 주제는 개인의 깊은 곳에 감추어진 선을 찾고 내면에 존재하는 진정한 속사람을 발견해서 진정한 자아와 자존감을 회복하라는 것이다. 그리고 자아실현을 하기 위해 자신의 내면과 교감하고, 깨끗한 마음에서 오는 유익을 취하라고 말한다. 당신은 그리스도인으로서 뉴에이지 사상을 인정할 수 없기에 그 자리를 박차고 일어날 것이다.

이제 당신은 마지막 영화까지 보기로 결심한다. 영화 제목은 '자유'다. 이 영화는 지금까지 본 영화보다는 좋아 보인다. 개인의 자유보다 더 중요한 것이 있겠는가? 어두운 상영관 안으로 들어가면서 부디 이번 영화는 편안하고 재미있기를 바란다. 실망스럽게도 이 영화는 인간이 하나님의 창조물이 아니라, 다른 동물과 같이 자연적으로 발생한 진화의 산물이라고 말한다. 특히 초자연적인 하나님의 존재를 명확하게 거부한다. 옳고 그름을 결정할 절대적인 도덕적 기준은 없고, 개인이 옳고 그름의 기준이 될 수 있다고 전한다. 이혼, 낙태, 심지어 안락사까지 무엇이든 정당하다고 주장한다. 이 영화는 사람의 존엄성은 가치 없게 다루지만, 고래나 수리부엉이와 같은 야생 동물 보호와 환경 보호는 가치 있게 다룬다. 이번에도 당신은 깊은 절망을 느끼며 상영관을 나올 것이다.

영화관을 떠나면서 당신은 시간만 낭비했다고 말할 것이다. 또한 그런 영화가 얼마나 위험한지 토론할 것이다. 영화가 전달하려는 의미가 초반에는 애매모호하지만, 뒤로 갈수록 노골적으로 명확하게 드러난다. 많은 사람이 이 영화들에 매료될 것을 알기에 매우 걱정스럽다. 영화관 건물은 아름답고, 가구와 소품은 고급스러우며, 상영 기술은 믿기 어려울 정도로 뛰어나다. 무엇보다 영화를 공짜로 보여준다!

그때 상영관 밖에서 팝콘과 음료수를 파는 곳을 보았는데, 놀랍게도 당신의 아이들이 팝콘과 탄산음료를 사고 있다. 곧장 그들에게 다가가서 무슨 영화를 봤는지 물어본다. 그러자 아이는 친구들과 자주 이곳에 왔다고 답한다. 친구 대부분은 교회에 출석하는 이웃집 아이들이다. 아이들은 각각 다른 영화를 관람했다. 그런데 그들은 모두 영화가 상당히 재미있었다고 떠들고, 서로 영화 내용을 이야기하면서 그 영화를 봐야 하는 이유도 말한다.

부모로서 당신은 결단해야 한다. 영화 4편이 모두 성경적 신앙과 세계관에 반하는 사상을 추구한다는 사실을 잘 알고 있다. 그리고 당신은 옳은 길을 가기를 원할 것이다. 그러나 너무나 다양한 현실과 상황이 연결되어 있다. 만약 당신이 자녀들을 억지로 끌고 나간다면, 무슨 일이 벌어질까? 아이가 거리 한가운데서 큰 소리로 울부짖는 모습은 보고 싶지 않다. 영화관 건물 안이 어느 정도 안전해 보인다. 자녀의 친구들은 대부분 계속 그 건물에 머무를 것이다. 당신은 친구에게 긍정적 영향력을 어떻게 발휘할지 자녀에게 가르쳐주어야 한다는 사실을 잘 안다. 하지만 친구들 앞에서 아이의 마음을 상하게 하고 싶지는 않다. 그렇다면 이때 부모는 어떻게 해야 할까?

1. 영화관에서 자녀들을 데리고 나온다.
2. 영화의 내용에 대해 대화하고 토론한다.
3. 자녀가 친구와 무의미하게 시간을 보내는 대신, 영화의 의미를 생각하게 하고 그들의 생각을 이야기하게 한다.

4. 성경적 신앙과 세계관에 기반을 둔 다양한 활동을 제시하고 참여하게 한다.

지금까지 묘사한 이야기는 상당히 억지스럽고 극단적인 비유 같아 보일 것이다. 그러나 단지 상상으로만 취급해서는 안 된다. 실제로 비유에 나오는 무료 영화관은 우리 삶 가까이에 존재할 수도 있다. 이것은 대도시부터 외곽 지역은 물론이고, 심지어 시골 마을에까지 들어서 있다. 정부가 나서서 멋있고 세련된 영화관을 세운다. 모든 가정은 이 영화관을 무료라고 생각한다. 사실 이 영화관은 오늘날의 공립학교를 의미한다.

내가 이와 같이 말하는 이유는 종교적 중립이라는 명목 아래 성경이 절대적 진리의 원천이 될 수 없다고 거부하는 오늘날의 현상 때문이다. 대부분의 학교에서 하나님의 존재는 사라졌다. 블랙커비는 『하나님을 경험하는 삶』에서 "진리는 한 인격체, 바로 예수 그리스도시다"[6]라고 말한다. 그러므로 진리(성경)가 거부될 때, 그리스도 예수 역시 거부되는 것이다.

교육에서 성경과 하나님이 배제될 때, 광범위하고 다양한 가치관이 그 자리를 대체한다. '관용', '안전지대', '내면의 세계', '자유'와 같은 영화들이 자녀의 눈앞에서 온종일 반복해서 상영된다는 사실은 의심할 여지가 없다. 다음과 같은 상황을 같이 생각해보자.

영화 '관용'은 사회 과목 수업 때 상영된다. 사회 수업에서는 사회적 가치들을 가르친다. 시대마다 그 사회를 주도하는 주체에 따라, '사회'와 '가정'이 새롭게 정의된다. 그 궁극적 목적은 선입견과 편견에서 벗어나게 해서 새로운 시대의 새로운 문화로 학생을 인도하려는 것이다. 심지어 동성애와 같은 비틀어진 현상도 선입견과 편견이 없이 바라보게 한다.

'안전지대'라는 영화는 신체와 관련된 생물 수업에서 상영된다. 이 수업에서는 금욕과 같은 용어를 거의 다루지 않는다. 반면 성교육 수업에서 성에 대해 완전히 열린 마음으로 논의할 때, 능동적인 성생활을 원하는 젊은 세대가 적어도 안전한 성관계를 실천할 것이라는 잘못된 가정 아래 이 수업이 진행된다. 많은 학교가 안전한 성생활에 필요한 다양한 기구 사용법을 의도적으로 선전하고 배포한다.

'내면의 세계'와 같은 주제를 다루는 영화는 여러 과목에서 지속적으로 상영된다. 문학 수업, 학생 상담 그리고 자아상을 찾는 활동 수업들에서 옳고 그름을 스스로 결정해야 한다고 교육한다. 학생들은 일기 쓰기, 역할극, 상상력 개발 활동 등을 통해서 이 영화가 추구하는 가치에 참여한다. 자존감 개발 수업은 때때로 유치원생만큼 어린 시기에 시작하기도 한다.

마지막 영화 '자유'도 여러 교실에서 상영된다. 처음에는 과학 수업에서 다루어지지만 곧 다른 수업에서도 상영된다. 영화 '자유'는 사람이 하나님의 창조 사역의 결과물이 아니라 진화라는 자연적인 과정의 산물이라는 가설에서 출발한다. 이 영화에서는 하나님이 배제되었기 때문에 사람은 자율적 존재가 된다. 그래서 어떤 문제나 사안이 있을 때 각 사람이 상대적 도덕 기준에 따라 스스로 결정하게 된다.

이 영화들의 제목만 봐서는 어떠한 경계심도 생기지 않는다. 또 그리스도인에게 익숙한 용어로 인식되기도 한다. 그러나 하나님나라 교육의 원리와 상관없는 교육 과정의 기저에 숨겨진 주제들은 가정의 관계뿐만 아니라 사회적 관계까지 파괴한다.

나는 공립학교를 비판하려고 이 글을 쓴 것이 아니다. 단지 공교육의 교육 과정이 하나님 말씀에 어긋나는 가치를 전수하고 있는 현실을 보여주고 싶을 뿐이다. 또 다음세대 교육에 대한 하나님의 의도와 계획을 다시 강조하고자 한다. 교육은 이 세상의 삶을 넘어 영원한 삶에 영향을 미친다. 그래서 성경의 진리가 담기지 않은 교육은 하나님의 계획으로 인정될 수 없다. 사무엘상 15장에서 하나님이 사울에게 왕으로서 무엇을 해야 하는지 특별한 가르침을 주신다. 사울은 하나님의 지시를 어느 정도 따랐다. 하지만 그는 곧 사회 분위기에 맞추어 그 지시를 조정한다. 그리고 사울이 스스로 적절하다고 인정하는 것을 따라 하나님의 가르침을 수정한다. 하나님은 신속하고 엄격하게 반응하셨다. 사울을 왕의 자리에서 내려오게 하셨을 뿐만 아니라, 그를 왕으로 삼으신 것을 후회한다고 말씀하셨다.

하나님은 그리스도인 부모에게 자녀를 교육하는 방법을 알려주신다. 헛된 철학에 포로가 되지 말라고 경고하신다. 그리고 모든 생각을 주의 깊게 살피고 사람의 전통과 지혜가 아닌 그리스도(하나님 말씀)께 순종하라고 말씀하신다.

하나님나라 교육은 모든 부모, 사역자, 교사에게 다음과 같은 질문으로 도전한다. "다음세대를 향한 교육적 책임과 관련해 하나님의 지시에 순종하고 있는가? 만약 그렇지 않다면 하나님이 우리를 부모로 세우신 것을 후회하실까?"

　시간이 절대적으로 중요하다. 그리스도인은 더 이상 하나님의 말씀에 부합하는 교육 원리를 무시할 수 없다. 사회의 모든 영역에서 다음세대가 그리스도를 섬기도록 준비시키고 싶다면, 지금 당장 하나님의 계획에 순종하고 행동해야 한다. 이를 위해서는 부모, 사역자, 교사가 연합하여 노력하고 각자가 맡은 역할을 수행해야 한다.

부모의 역할

　부모는 자녀 교육에 전적으로 책임을 진다. 먼저 가정에서 일어나는 모든 일이 하나님 말씀에서 벗어나지 않게 해야 한다. 그리고 말씀 중심으로 사역하는 교회에 적극적으로 참여해야 한다. 마지막으로 그리스도인 부모의 역할은 성경적 교육 원리를 지지하는 기독교 학교를 선택하는 것이다.

교회의 역할

　교회 지도자는 하나님나라 교육이 추구하는 성경적 교육 원리를 부모와 성도들의 마음과 생각에 심어서 가정을 지원해야 한다. 교회 전체가 다음세대를 위한 하나님의 계획에 적합한 교육 사역을 지원하는 것이 중요하다. 다시 말해 교회가 홈스쿨링을 하는 가정과 기독교 학교를 선택한 가정을 지원하는 방법도 하나님의 지시를 구해야 한다는 것이다.

학교의 역할

가정에서든 기독교 학교에서든 하나님나라 교육은 하나님의 말씀과 예수 그리스도의 실존에 바탕을 두고 실천되어야 한다. 학교의 모든 교육은 성경을 기반으로 진행되어야 한다. 그리고 예수님의 지상명령을 성취할 수 있도록 교회를 세우는 사역을 학교의 주요한 사명으로 삼아야 한다.

기독교 학교는 그리스도인 가정의 성경적 원리와 가치를 지지해야 한다. 하나님나라의 교육 원리에 따라 운영되는 기독교 학교는, 다음세대 교육이라는 삼발이(가정, 교회, 학교) 의자를 든든히 떠받치는 다리가 될 것이다.

하나님나라 교육의 실제

하나님을 섬기며 사역해온 시간이 쏜살같이 지나간 것 같다. 나는 믿음의 경주를 '마치는 시점'에 다음세대 교육에 집중하고 싶었다. 나의 자녀와 손자들이 온 마음과 힘과 정성을 다해 하나님을 사랑하는 모습을 보는 것이 개인적인 소망이다. 나는 이 책을 읽은 사람들의 마음에 나와 같은 열정이 일어날 것을 확신한다.

하나님나라의 교육 원리를 실천하면 가정과 교회와 학교가 거룩한 다음세대를 세울 수 있다고 굳게 믿는다. 이 소망이 이루어질 때, 부모는 "내가 내 자녀들이 진리 안에 행한다 함을 듣는 것보다 더 기쁜 일이 없도다"라는 요한삼서 1장 4절이 진리임을 깨달을 것이다.

나오는 글

　이 책을 읽는 모든 그리스도인은 아주 중대한 결단을 내려야 한다. 그리고 성경적 교육 원칙과 원리를 결정할 때, 그 결과에 따르는 헌신이 필요하다는 점을 알아야 한다. 부모에게 자녀를 어떻게 키우고 교육할 것인가 하는 문제보다 더 우선되고 중요한 결정은 없다.
　그리스도인은 인류 역사를 통해 증명된 사실로, 교육이 개인의 삶에 얼마나 엄청난 영향을 미치는지 반드시 이해해야 한다. 종교에 헌신하지 못하게 하고 젊은 세대의 삶을 통제하려고 했던 느부갓네살 왕, 히틀러, 구소련 연방, 피델 카스트로를 생각해보라(3장 참조). 느부갓네살 왕은 다니엘과 그의 친구들을 3년 동안 철저히 교육해서 그들을 바벨론을 위해 일하는 사람으로 만들려고 했다. 느부갓네살 왕의 계획은 "젊은 히브리인들의 마음에 새겨져 있던 종교적 헌신에 대한 모든 경험을 지우려 한 것"[1]을 보여준다.
　모든 세속적 교육 과정에서는 바벨론의 교육과 동일한 목적을 의도적으로 추구하며 같은 결과를 낳을 것으로 기대한다. 즉, 이전 신앙의 모든 기억과 경험을 아이들의 마음에서 뿌리 뽑으려는 것이다. 히틀러는 독일에서 권력을 얻기 위해 교육을 이용했다. 나는 러시아를 여행하면서 공산주의 세계관에 헌신하며 살아가는 다음세대 러시아 시민을 성장시키기 위한 핵심적 요소가 교육이라는 점을 깨달았다.

찰스 콜슨은 2001년 피델 카스트로가 자신의 75번째 생일날 연출한 장면에 주목한다. 그는 쿠바 사회주의 청소년 기관의 책임자에게 쿠바 국기를 수여하는 모습을 보여주었다. 이 모습은 쿠바 어린이의 마음에 사회주의 세계관을 심으려는 카스트로의 열망을 상징한다. "카스트로는 자신의 권력을 지속하기 위해, 다음세대에게 반드시 사회주의 횃불을 넘겨주어야 한다는 사실을 알고 있었다. 쿠바 어린이들에게 사회주의 세계관을 가르치는 일에 실패한다면, 결국 그의 혁명도 실패로 돌아갈 것이다."[2] 그가 어린아이들에게 사회주의 세계관을 심는 데 성공하지 못한다면, 카스트로가 죽은 다음 그의 혁명도 곧바로 종식될 것이다. 그래서 그는 모든 힘과 자원을 그 일에 집중했다.

콜슨은 카스트로의 사례를 들면서, 교회를 향해 다음세대의 마음에 성경적 세계관을 심어주는 일에 헌신하라고 요구한다. 교회가 이 일에 실패한다면, 기독교는 기성세대가 사라지면서 함께 쇠퇴할 것이다.

우리의 문화 속에서 교육이 현재의 모습을 갖추는 데 150년이 넘는 시간이 걸렸다. 그래서 이런 상태를 하룻밤에 변화시킬 수는 없다. 그린은 이 현실을 다음과 같이 이해한다. "변화를 이루는 데는 일주일, 한 달, 아니 1년이라는 시간도 턱없이 부족하다. 교회가 기대하는 결과를 얻고 지금의 사회가 변화되려면, 적어도 수년의 시간이 필요하고 사람들의 근본적인 인식도 변화되어야 한다."[3] 하지만 시간이 오래 걸리더라도 그리스도인은 '지금 바로' 시작해야 한다.

우리가 이 일을 시작했다면, 장애물과 반대에 부딪힐 때 좌절할 여유가 전혀 없다. 물 위에 서 계신 예수님께 가려고 배 밖으로 발을 내딛던 베드로를 떠올려보라. 베드로는 주님의 명령에 따라 배 밖으로 걸음을 옮길 만한 믿음과 용기를 지닌 유일한 제자였다. 그러나 그는 배 밖으로 발걸음을 내딛자마자 예수님의 말씀이 아닌 부서지는 파도와 바람에 집중했다. 베드로는 결국 물속으로 빠지기 시작했고, 그때 예수님은 베드로에게 이렇게 말씀하셨다. "믿음이 작은 자여 왜 의심하였느냐?"(마 14:31)

나는 이 책에서 어린이와 청소년 교육에 관련된 하나님의 명령을 전했다. 이 글을 읽는 당신은 배 위에서 뛰어내릴지, 아니면 계속 배에 머무를지 가장 먼저 결정해야 한다. 수백만 명의 그리스도인이 베드로와 같은 믿음으로 예수 그리스도께 순종하여 발을 내딛길 기도한다.

그러나 배 밖으로 뛰어내리면, 당신을 둘러싼 바람과 파도에 눈을 돌리고 싶은 유혹이 찾아올 것이다. 심지어 다른 그리스도인들이 장애물이 될 수도 있다. 나는 용기를 낸 이들에게 이렇게 권면하고 싶다. "의심하지 마십시오. 예수 그리스도와 그분의 말씀으로 향하십시오. 그리고 계속 걸어가십시오!"

로린이 간증한 마지막 부분을 나누고자 한다.

마지막으로 부모들에게 드리고 싶은 말씀이 있습니다. 자녀가 다닐 학교를 결정하는 일은 매우 어렵습니다. 매년 새 학기가 시작할 때쯤 중대한 질문에 직면하게 됩니다. 학업 성취도를 평가하게 됩니다. 장점과 단점도 저울질해보게 됩니다. 매년 기도하는 마음으로 이 중요한 결정 앞에서 심사숙고하는 당신에게 이렇게 권면하고 싶습니다. 자녀에게 좋은 것이 무엇인지 따지기보다 무엇이 가장 선한 것인지에 집중하세요. 무엇이 중요한지가 아니라 무엇이 자녀에게 꼭 필요한지를 고민하세요. 무엇이 멋진지 고민하기보다는 무엇이 거룩한지에 집중하세요. 자녀가 친구들과 어울릴 수 있는 장소를 찾지 말고, 그들이 섬길 기회를 얻을 수 있는 곳을 찾으세요. 자녀의 흥미를 충족하는 일에만 주의를 기울이지 말고, 자녀의 믿음을 키워주는 학교를 찾으세요. 자녀가 부자가 되게 하는 수단으로 학교를 바라보지 말고, 그들을 의로워지게 하는 곳으로 바라보세요. 부모님들, 자녀를 행복하게 하는 것만을 찾지 말고 그들을 거룩하게 하는 일에 집중하세요. 먼저 하나님의 나라와 그분의 의를 구하고 한 발 뒤로 물러나세요. 그런 다음 자녀의 삶을 통해 하나님의 완전한 계획이 성취되는 데 필요한 모든 것을 주신다는 그분의 약속을 선포하세요.[4]

선택은 당신의 몫이다. 이 책에서 제시한 원리에 따라 실천하는 모습은 삶의 방식에서 드러날 것이다. 우리의 삶의 방식은 다음세대에게 삶에서 정말 중요한 것이 무엇인지를 알려주는 설명서라는 것을 기억하라. 존 파이퍼 목사는 세속화되어가는 교육에 대한 진정한 대안을 이렇게 제시한다. "다음세대를 가르치는 모든 이가 진리인 하나님의 말씀을 마음 깊이 신뢰하고, 전심으로 하나님을 사랑하며, 오늘날 쉽게 인식하기 어려운 교활한 우상을 면도날처럼 날카롭게 분별할 수 있는 위대한 기독교 사상가가 될 때, 세속화된 교육의 진정한 대안이 드러난다…우리의 문제는 훌륭한 기독교 교육(하나님나라 교육)을 경험한 사람이 너무 드물다는 것이다. 또한 학생들이 예수 그리스도를 위해 죽기까지 충성할 수 있는 교사를 만나본 적도, 하나님 중심적 관점으로 생각하는 훌륭한 그리스도인을 눈으로 보고 느껴본 적도 거의 없다."[5]

오늘날의 부모는 모든 시대의 그리스도인이 직면했던 같은 고민을 안고 있다. 우리의 자녀는 우리의 신앙을 받아들일 것인가, 아니면 "성경이 무가치하다고 여기는 세상 속으로 생각 없이 섞여 들어갈 것인가?"[6]

모든 그리스도인이 하나님나라의 교육 원리를 진지하게 받아들이고 다음세대 교육을 향한 하나님의 계획에 헌신하기를 기도한다. 하나님이 당신을 지키시고 복을 내려주시기를 기도한다.

교육되었다는 진정한 의미는 무엇일까?

캐럴린 케인즈(워싱턴주 롱뷰, 컬럼비아 하이츠고등학교 주임교사)

내가 알파벳을 배우고, 1분에 600단어를 읽을 수 있으며,
모든 단어를 완벽하게 쓸 수 있더라도,
모든 언어를 설계하신 하나님과 대화하는 법을 배우지 못했다면
나는 교육된 것이 아니다.

훌륭한 연설을 하면서 놀라운 논리로
청중을 설득할 수 있다고 해도,
하나님의 지혜로 훈련받지 않았다면
나는 교육된 것이 아니다.

내가 셰익스피어와 존 로크의 글을 읽고
예리한 통찰력으로 작품에 관해 토론할 수 있을지라도,
모든 책 중 가장 위대한 책인 성경을 읽지도 않고

거기에 담긴 중요한 지식을 알지 못한다면
나는 교육된 것이 아니다.

덧셈 공식, 구구단, 화학 공식을 다 외우지만,
내 마음속에 하나님 말씀을 새기는 훈련을 하지 않았다면
나는 교육된 것이 아니다.

중력 법칙과 아인슈타인의 상대성 이론을 설명할 수 있지만,
우주를 다스리는 하나님의 변치 않는 법칙을 배우지 않았다면
나는 교육된 것이 아니다.

동물을 그 과계와 속, 종으로 분류할 수 있고,
과학 논문으로 상을 받는다고 해도,
창조주가 모든 피조물을 창조하신 목적을 배우지 못했다면
나는 교육된 것이 아니다.

게티즈버그 연설과 연방 헌법 서문을
줄줄 외울지라도, 역사 속에 있는 하나님의 손길을 모른다면
나는 교육된 것이 아니다.

피아노, 바이올린 외 6개의 악기를 다룰 수 있고,
사람들을 감동시키는 음악을 작곡할 수 있어도,

우주를 경륜하시는 하나님의 악보를 읽지 못하고
그분을 경배하는 법을 모른다면
나는 교육된 것이 아니다.

내가 크로스컨트리 경기를 완주할 수 있고,
농구 스타처럼 경기할 수 있으며,
팔 굽혀 펴기를 쉼 없이 백 번을 할 수 있지만,
하나님의 뜻을 실천하기 위해
내 영혼과 의지를 복종시키며 살지 않았다면
나는 교육된 것이 아니다.

피카소의 그림을 감상할 수 있고,
다빈치의 작품을 설명할 수 있으며,
멋진 초상화를 그릴 수 있다고 해도,
하나님과 맺은 깊은 관계에서 흘러나오는
조화와 아름다움을 알지 못한다면
나는 교육된 것이 아니다.

전 과목 만점을 받고 고등학교를 졸업하고,
전액 장학금을 받고 최고의 대학에 입학할지라도,
하나님의 부르심에 따라 사는 길을 걷지 못한다면
나는 교육된 것이 아니다.

선한 시민으로서 도덕적이고
옳은 일을 위해 목소리를 낼 수 있고,
선거 때마다 투표에 참여한다고 해도,
사람의 죄성으로 인해
그리스도 예수 없이는 희망이 없다는 사실을 모른다면
나는 교육된 것이 아니다.

그러나 내가 단 하루라도
하나님이 세상을 보시는 눈으로 세상을 바라보고,
하나님을 알아가며, 그분을 통해 영생을 얻고,
그분이 나에게 주신 목적을 성취하여 영광을 돌린다면
나는 교육된 것이다.

Used by permission of Association of Christian Schools International. From *Christian School Comment*, Vol. 20, No. 9, Colorado Springs, Colorado, 1998.

부록　　　　　　　　　　　하나님나라 교육을
　　　　　　　　　　　　성취하기 위한 성경 원리

　　하나님나라 교육은 평생에 걸쳐 이루어지고, 성경에 기반을 두었으며, 그리스도를 중심으로 삼는 교육 과정이다. 이를 통해 아이들은 그리스도와 함께하는 새로운 정체성을 확립하고, 그리스도가 주신 특별한 재능에 따라 성장하면서 사랑하고, 신뢰하며, 그리스도께 순종하는 삶을 살아갈 힘을 얻는다.[1]

　　하나님나라 교육의 궁극적인 목적은 아이들을 예수 그리스도의 성숙한 제자들로 세우고, 그들이 삶 속에서 하나님을 영화롭게 하며 살아가도록 하는 것이다.

　　하나님의 말씀에는 그리스도인들이 하나님나라 교육을 실천하는 데 필요한 교육 원리를 담고 있다. 나이와 상관없이 모든 그리스도인은 이 성경의 원리를 다양한 삶의 영역에서 탐구하고 이해하여 실천해야 한다. 그런데 특별히 어린이와 청소년에게 성실하고 주의 깊게 적용하는 것이 매우 중요하다.

아이들이 어릴수록 예수 그리스도를 구주로 영접하기가 가장 쉽고 효과적이라는 사실은 보편적으로 알고 있다. 가정과 교회와 기독교 학교는 자녀가 태어난 순간부터 이른이 될 때까지 충분한 관심을 주고, 성경의 원리로 교육해야 한다. 이 원리들을 하나하나 연구하며, 이것을 교육이 이루어지는 현장에 성경적으로 적용하기 위해 부단히 애써야 한다.

원리 1:
가장 우선 되는 부모의 책임은 자녀 교육이다.

보라 자식들은 여호와의 기업이요 태의 열매는 그의 상급이로다(시 127:3).

네 자녀에게 부지런히 가르치며 집에 앉았을 때에든지 길을 갈 때에든지 누워 있을 때에든지 일어날 때에든지 이 말씀을 강론할 것이며 너는 또 그것을 네 손목에 매어 기호를 삼으며 네 미간에 붙여 표로 삼고 또 네 집 문설주와 바깥문에 기록할지니라(신 6:7-9).

또 그것을 너희의 자녀에게 가르치며 집에 앉아 있을 때에든지, 길을 갈 때에든지, 누워 있을 때에든지, 일어날 때에든지 이 말씀을 강론하고(신 11:19).

우리가 이를 그들의 자손에게 숨기지 아니하고 여호와의 영예와 그의 능력과 그가 행하신 기이한 사적을 후대에 전하리로다 여호와께서 증거를 야곱에게 세우시며 법도를 이스라엘에게 정하시고 우리 조상들에게 명령하사 그들의 자손에게 알리라 하셨으니(시 78:4-5).

마땅히 행할 길을 아이에게 가르치라 그리하면 늙어도 그것을 떠나지 아니하리라(잠 22:6).

그에게는 영이 충만하였으나 오직 하나를 만들지 아니하셨느냐 어찌하여 하나만 만드셨느냐 이는 경건한 자손을 얻고자 하심이라 그러므로 네 심령을 삼가 지켜 어려서 맞이한 아내에게 거짓을 행하지 말지니라(말 2:15).

또 아비들아 너희 자녀를 노엽게 하지 말고 오직 주의 교훈과 훈계로 양육하라(엡 6:4).

이 구절들은 하나님 앞에서 부모가 자녀를 훈련하고 교육할 책임이 있다는 것을 명확히 보여준다. "자녀는 부모에게 주신 하나님의 과제다"라는 말로 시편 127편 3절을 다르게 해석할 수 있다. 부모가 자녀를 교육하는 일에서 일부를 다른 사람들에게 위임하더라도, 여전히 부모는 자녀에게 무엇을 어떻게 교육하는지 하나님께 답해야 한다.

말라기 2장은 부모가 경건한 하나님의 후손을 키우기를 하나님이 원하신다는 사실을 밝히 보여준다. 자녀를 하나님의 백성으로 키우는 것은 엄청난 과제이기 때문에 부모는 이 일을 수행하기 위해 온 힘을 쏟아야 한다. 사회가 세속화됨에 따라 점점 교육이 공동의 책임이라는 잘못된 인식이 생겨났다. 세속주의자들은 부모에게 어느 정도 책임이 있지만, 국가도 부모만큼 책임을 져야 한다고 주장한다. 정부의 다양한 부서는 계속해서 더 많은 책임을 맡으려고 경쟁한다.

적용하기

믿음의 부모는 자신들에게 자녀 교육에 대한 전적인 책임이 있다는 점을 분명히 인식해야 한다. 그리고 그러려면 부모는 계속 다음과 같은 질문들로 스스로 점검해야 한다.

1. 누가 혹은 무엇이 가정에서 자녀 교육을 주관하고 있는가? 나는 자녀에게 어떤 교육을 직접 하고 있는가? 자녀가 미디어에서 어떤 영향을 받도록 허용하고 있는가? 자녀가 집에 있는 동안 무엇을 보고 듣는지 알고 있는가?
2. 나는 자녀가 주변 사람들에게 무엇을 배우고 있는지 아는가? 자녀가 다른 부모나 또래 친구들과 함께 있을 때, 그들에게서 무엇을 배우는지 아는가?
3. 자녀가 교회의 주일학교에서 그리고 다른 교회들과 연관된 활동에서 무엇을 배우고 있는가?
4. 자녀는 학교에서 무엇을 배우고 있는가? 교사, 교과서, 교육 과정, 다른 학생들, 학교의 정책과 행정을 통해 무엇을 배우는가?

부모는 이러한 질문에 답하면서 각각의 영역에 직접적인 책임이 있음을 통감하고 커다란 과제가 주어진 것을 인식하게 된다. 그러므로 부모가 자녀 교육의 책임을 다하려고 노력할 때, 다음의 여러 성경적 원리를 따르는 것이 매우 중요하다.

원리 2:
신앙 교육은 주일 한두 시간의 교회 교육 활동을 넘어,
자녀가 태어나는 순간부터 성숙에 이르기까지
하루 24시간, 일주일 내내 이루어져야 하는 평생 교육이다.

네 자녀에게 부지런히 가르치며 집에 앉았을 때에든지 길을 갈 때에든지 누워 있을 때에든지 일어날 때에든지 이 말씀을 강론할 것이며(신 6:7).

또 그것을 너희의 자녀에게 가르치며 집에 앉아 있을 때에든지, 길을 갈 때에든지, 누워 있을 때에든지, 일어날 때에든지 이 말씀을 강론하고(신 11:19).

마땅히 행할 길을 아이에게 가르치라 그리하면 늙어도 그것을 떠나지 아니하리라(잠 22:6).

부모 중 대다수가 잠언 22장 6절 말씀을 알고 있고, 심지어 외우기도 한다. 어린 시절부터 아이들을 성경적 관점으로 교육하면 그들이 결국 주님과 동행할 것이라는 약속으로 잠언의 말씀을 받아들이라. 그

러나 우리 대부분은 이 교육이 얼마나 치열한지 잘 이해하지 못한다.

"아이에게 가르치라"(train up a child)는 말씀의 의미는 자녀가 태어나자마자 교육이 시작됨을 뜻한다. "늙어도"라는 말은 이 과정이 성숙함에 이를 때까지 끝나지 않는다는 것을 의미한다.

하나님은 신명기 6장에서 자녀를 진지한 자세로, 고도의 집중력을 발휘하여, 한결같이 노력함으로 부지런히 가르쳐야 한다고 가르치신다. 다음과 같은 때 이러한 노력을 해야 한다.

1. 자녀가 아침에 일어날 때마다
2. 자녀가 집에 있을 때, 집 주변에 있을 때
3. 자녀가 집을 떠나 있을 때
4. 자녀가 잠자리에 들기 위해 누웠을 때

우리가 부지런히 하나님의 것들을 자녀에게 가르치지 않아도 되는 유일한 시간은 잠들어 있을 때뿐이다.

적용하기

믿음의 부모는 하나님나라 교육 원리를 따르고 있는지 확인하기 위해 다음의 질문에 답해야 한다.

1. 날마다 깨어 있을 때 나는 부지런히 자녀에게 하나님의 것들을 가르치기 위해 무엇을 하는가?

2. 자녀가 가정에 있는 동안 나는 얼마나 부지런히 가르치는가?
3. 자녀는 가정 밖에서 이루어지는 모든 활동에서 하나님의 진리를 배우고 있는가? (학교, 여가 활동, 자녀가 속할 수 있는 단체 등을 점검하라.)
4. 자녀가 하루를 마치고 잠자리에 들 때 하나님의 말씀을 심어주기 위해 나는 무엇을 하는가?

원리 3:
교육의 목적은 다음세대를 위한 제자 양육과 구원이다.

그러므로 너희는 가서 모든 민족을 제자로 삼아 아버지와 아들과 성령의 이름으로 세례를 베풀고 내가 너희에게 분부한 모든 것을 가르쳐 지키게 하라 볼지어다 내가 세상 끝날까지 너희와 항상 함께 있으리라 하시니라(마 28:19-20).

이는 그들로 후대 곧 태어날 자손에게 이를 알게 하고 그들은 일어나 그들의 자손에게 일러서 그들로 그들의 소망을 하나님께 두며 하나님께서 행하신 일을 잊지 아니하고 오직 그의 계명을 지켜서(시 78:6-7).

필립 메이는 『교육을 향한 두 갈림길』에서 눈앞의 전투 전략과 세세한 것에 너무 열중한 나머지, 전쟁의 전체적인 전략과 근본적인 이유를 망각한 전쟁터의 장군에 오늘날의 교육자를 비교한다.[2] 믿음의 부모는 자녀를 교육하는 이유에 대한 참된 의미를 내포한 유일한 목적이, 그리스도를 인격적 구원자로서 아는 것임을 결코 잊어서는 안 된다.

만약 자녀가 국비 장학생이 되었지만 그리스도를 모른다면, 그 부모는 과연 영원한 가치를 추구한 것인가? 예수 그리스도는 제자들이 또 다른 제자를 삼아서, 그들이 그리스도 안에서 새로운 정체성을 세우고, 사랑과 신뢰와 순종으로 그리스도와 평생 함께하는 제자의 삶을 살아가기를 원하셨다.

자녀에게 하나님의 길을 부지런히 가르치는 책임을 알고 이 사명을 종일토록 수행할 때, 부모는 자녀가 하는 모든 일에서 그리스도를 따르는 모습을 보려고 노력해야 한다. 만약 우리가 자녀들과 손자들이 그들의 자녀에게 하나님이 누구신지 가르치고 그분의 계명을 지키도록 인도하는 것을 본다면, 자녀 양육이라는 과제를 성공적으로 마쳤음을 깨닫게 될 것이다.

적용하기

그리스도인은 자녀 교육에 숨겨진 목적에 하나 된 마음으로 계속해서 집중해야 한다. 자녀가 성숙한 모습으로 그리스도를 따르는 제자가 되는 것이 바로 그것이다. 다음과 같은 질문으로 스스로 점검해보면, 자신이 얼마나 이 원리를 잘 실천하고 있는지 평가할 수 있다.

1. 지속적으로 자녀와 복음을 나누고 있는가?

2. 나는 주님을 향한 사랑, 신뢰, 순종이 나타나는 삶을 살아가는 주님의 성숙한 제자인가?

3. 내가 가정 안팎에서 자녀를 교육하기 위해 기울이는 모든 노력 덕분에 자녀가 그리스도와 더 가까워지고 그분을 따르게 되는가? (이것은 음악, 영화, 레크리에이션, 학교 교육, 스포츠 등 자녀가 하는 모든 일에 적용되어야 한다.)

원리 4:
교육의 기반은 절대 진리인 하나님의 말씀(성경)이다.

천지는 없어질지언정 내 말은 없어지지 아니하리라(마 24:35).
여호와여 주의 말씀은 영원히 하늘에 굳게 섰사오며(시 119:89).
풀은 마르고 꽃은 시드나 우리 하나님의 말씀은 영원히 서리라 하라(사 40:8).

사람은 끊임없이 진리를 추구하는 존재다. 진리를 떠난 인생은 의미가 없다. 빌라도는 예수님에 관하여 직면한 딜레마를 해결하고자 예수님께 질문했다. "진리가 무엇이냐"(요 18:38). 우리 사회는 진리가 단지 경험으로 결정된다고 선언한다. 그것은 '합법적으로 정확한' 것으로서 재정의되었다. 하지만 하나님의 영원한 말씀이 인간의 유일한 진리다. 이것은 인간의 모든 연구가, 지혜로 이끌며 참된 지식을 발견하게 하는 유일한 길인 성경의 렌즈를 통해 세심히 검토되어야 함을 뜻한다.

하나님의 말씀이 교육의 어느 측면에서든지 제거되면 교육은 단순한 인간의 가르침으로 남게 된다. 이런 교육은 결국 자녀를 망치고 기만하는 공허한 철학으로 발전한다. 그리스도를 따르기보다 세상의 원리와 인간의 전통을 따르기 때문이다. 우리가 어린이와 청소년에게 가르치는 모든 것은 하나님의 말씀에 기초한 절대적 진리에 기반을 두어야 한다.

적용하기

부모가 하나님 말씀에 따라 자녀에게 가르치는 모든 것을 평가할 때, 다음의 질문들은 현재와 미래의 행동과 관련된 기본 틀이 될 것이다.

1. 우리는 부모로서 하나님의 말씀을 알고 매일 연구와 묵상을 통해 그분의 말씀에 대한 지식에서 자라고 있는가?
2. 말과 행동으로 가정에서 자녀에게 가르치는 것이 하나님 말씀이라는 진리에 기초하여 세워진 것인가?
3. 미디어, 오락물, 레크리에이션, 교회, 주일학교, 학교를 통해서 자녀가 교육받는 것을 알고 있는가?

4. 자녀가 가정 밖에서 배우는 모든 것은 하나님의 말씀을 기반으로 둔 것인가? 이것은 교회와 학교와 다른 활동에도 적용된다.

원리 5:
교육에서는 그리스도를 삶의 으뜸으로 여겨야 한다.

그 안에는 지혜와 지식의 모든 보화가 감추어져 있느니라(골 2:3).
화 있을진저 너희 율법교사여 너희가 지식의 열쇠를 가져가서 너희도 들어가지 않고 또 들어가고자 하는 자도 막았느니라 하시니라(눅 11:52). 그러므로 너희가 그리스도 예수를 주로 받았으니 그 안에서 행하되 그 안에 뿌리를 박으며 세움을 받아 교훈을 받은 대로 믿음에 굳게 서서 감사함을 넘치게 하라 누가 철학과 헛된 속임수로 너희를 사로잡을까 주의하라 이것은 사람의 전통과 세상의 초등학문을 따름이요 그리스도를 따름이 아니니라 그 안에는 신성의 모든 충만이 육체로 거하시고 너희도 그 안에서 충만하여졌으니 그는 모든 통치자와 권세의 머리시라(골 2:6-10).

그리스도가 모든 사람을 대신하여 십자가에서 보여주신 희생과 하나님 아버지를 향한 겸손한 순종으로 하나님의 이름은 다른 어느 이름보다 높아졌다. 실제로 성경은 예수님이 모든 것을 창조하셨을 뿐만 아니라 모든 것이 그분을 위해 창조되었다고 이야기한다.

예수 그리스도는 시간과 상관없이 만물 위에 최고이신 분이다. 지녀 교육은 그리스도를 중심으로 이루어져야 한다. 이렇게 하면 예수님과 인격적으로 친밀한 사랑의 관계를 맺으며 살아가는 다음세대를 보게 될 것이다. 그리스도는 우리가 자녀를 교육하는 모든 것의 중심이 되셔야 한다.

1600년대에 존 밀턴은 다음과 같이 썼다. "배움의 목적은 하나님을 제대로 아는 것과 그분을 사랑하고, 그분을 본받으며, 그분과 같이 될 지식을 회복하여, 모든 사람의 첫 번째 부모의 몰락을 바로잡는 것이다."[3]

적용하기

에베소 교회처럼 우리도 첫사랑을 잃어버리지는 않았는가?(계 2:1-7) 다음의 질문에 대답하면서 우리가 삶과 다음세대 교육과 관련하여 예수 그리스도를 최상위에 모시고 있는지를 점검해봐야 한다.

1. 자녀는 다음과 관련된 우리의 행동을 통해 우리가 그리스도를 첫째 사랑(제일 우선된 사랑)으로 삼고 있다는 사실을 아는가?
   - 가정에서 살아가는 방식
   - 교회 출석 빈도와 교회 사역에 대한 참여도
   - 시간, 재능, 소중한 것을 포함하여 하나님이 주신 것을 관리하는 모습
   - 우리가 그들에게 하라고 말하는 것과 그 태도

2. 자녀 교육과 관련하여 교회는 그리스도를 최고의 중심으로 삼는가? 예배와 주일학교 및 다른 활동들을 살펴봐야 한다.
3. 자녀가 다니는 학교에서 그리스도가 교육의 중심인가?
4. 우리 가족이 하는 활동은 그리스도가 편안히 거하시고 환영받으실 수 있는 것들인가?

원리 6:
교육으로 인해 다음세대의 영적, 도덕적 발전이 저해돼서는 안 된다.

누구든지 나를 믿는 이 작은 자 중 하나를 실족하게 하면 차라리 연자 맷돌이 그 목에 달려서 깊은 바다에 빠뜨려지는 것이 나으니라(마 18:6). 그때에 사람들이 예수께서 안수하고 기도해 주심을 바라고 어린아이들을 데리고 오매 제자들이 꾸짖거늘 예수께서 이르시되 어린아이들을 용납하고 내게 오는 것을 금하지 말라 천국이 이런 사람의 것이니라 하시고(마 19:13-14).

사람들이 예수께서 만져 주심을 바라고 어린아이들을 데리고 오매 제자들이 꾸짖거늘 예수께서 보시고 노하시어 이르시되 어린아이들이 내게 오는 것을 용납하고 금하지 말라 하나님의 나라가 이런 자의 것이니라 내가 진실로 너희에게 이르노니 누구든지 하나님의 나라를 어린아이와 같이 받들지 않는 자는 결단코 그곳에 들어가지 못하리라 하시고 그 어린아이들을 안고 그들 위에 안수하시고 축복하시니라(막 10:13-16).

사람들이 예수께서 만져 주심을 바라고 자기 어린 아기를 데리고 오매 제자들이 보고 꾸짖거늘 예수께서 그 어린아이들을 불러 가까이 하시고 이르시되 어린아이들이 내게 오는 것을 용납하고 금하지 말라 하나님의 나라가 이런 자의 것이니라 내가 진실로 너희에게 이르노니 누구든지 하나님의 나라를 어린아이와 같이 받아들이지 않는 자는 결단코 거기 들어가지 못하리라 하시니라(눅 18:15-17).

예수님은 이 땅에서 사역하시는 동안 지속적으로 어린아이들에게 특별한 사랑을 보여주셨다. 제자들이 주님께 가까이 오는 것을 막으려고 할 때마다 매우 단호하게 제자들을 꾸짖으셨다. 위에 기록된 성경 구절이 지적한 것같이, 예수님은 젊은이를 노엽게 하는 것의 심각성을 경고하셨다.

때때로 우리는 학대를 신체적으로 상처를 입히는 의미로만 생각한다. 그러나 자녀의 도덕적, 영적 성장을 방해하는 것 역시 아동 학대의 전형이라는 사실을 기억해야 한다.

적용하기

다음세대 교육에 관해 우리가 답해야 할 중요한 질문은 간단하다.

- 혹시 자녀가 예수님에게서 멀어지게 하는 것을 배우고 있지는 않은가?

이 평가는 우리가 자녀에게 가르치는 모든 것에 적용되어야 한다. 또한 다른 사람들이 가정, 교회, 학교, 지역 사회에서 자녀에게 가르치는 모든 영역에 같은 질문을 던져야 한다. 이 질문은 자녀가 사귀는 친구, 자녀가 듣고, 보고, 읽는 것 그리고 학교에서 배우는 내용에 적용해야 하기에 매우 큰 쟁점이다.

원리 7:
부모가 다른 사람에게 교육을 위임한다면,
최대한 신중하게 이러한 원칙을 따르는
교사를 선택하여 맡겨야 한다.

너는 또 온 백성 가운데서 능력 있는 사람들 곧 하나님을 두려워하며 진실하며 불의한 이익을 미워하는 자를 살펴서 백성 위에 세워 천부장과 백부장과 오십부장과 십부장을 삼아(출 18:21).
이 아이를 위하여 내가 기도하였더니 내가 구하여 기도한 바를 여호와께서 내게 허락하신지라 그러므로 나도 그를 여호와께 드리되 그의 평생을 여호와께 드리나이다 하고 그가 거기서 여호와께 경배하니라 (삼상 1:27-28).

아이 사무엘이 엘리 앞에서 여호와를 섬길 때에는 여호와의 말씀이 희귀하여 이상이 흔히 보이지 않았더라 엘리의 눈이 점점 어두워 가서 잘 보지 못하는 그때에 그가 자기 처소에 누웠고 하나님의 등불은 아직 꺼지지 아니하였으며 사무엘은 하나님의 궤 있는 여호와의 전 안에 누웠더니 여호와께서 사무엘을 부르시는지라 그가 대답하되 내가 여기 있나이다 하고 엘리에게로 달려가서 이르되 당신이 나를 부르셨기로 내가 여기 있나이다 하니 그가 이르되 나는 부르지 아니하였으니 다시 누우라 하는지라 그가 가서 누웠더니 여호와께서 다시 사무엘을 부르시는지라 사무엘이 일어나 엘리에게로 가서 이르되 당신이 나를 부르셨기로 내가 여기 있나이다 하니 그가 대답하되 내 아들아 내가 부르지 아니하였으니 다시 누우라 하니라 사무엘이 아직 여호와를 알지 못하고 여호와의 말씀도 아직 그에게 나타나지 아니한 때라 여호와께서 세 번째 사무엘을 부르시는지라 그가 일어나 엘리에게로 가서 이르되 당신이 나를 부르셨기로 내가 여기 있나이다 하니 엘리가 여호와께서 이 아이를 부르신 줄을 깨닫고 엘리가 사무엘에게 이르되 가서 누웠다가 그가 너를 부르시거든 네가 말하기를 여호와여 말씀하옵소서 주의 종이 듣겠나이다 하라 하니 이에 사무엘이 가서 자기 처소에 누우니라 여호와께서 임하여 서서 전과 같이 사무엘아 사무엘아 부르시는지라 사무엘이 이르되 말씀하옵소서 주의 종이 듣겠나이다 하니(삼상 3:1-10).

자녀를 양육하는 것은 어마어마한 임무다. 시간이 지날수록 점점 더 부담이 커진다. 모든 부모는 어떤 식으로든 자녀를 교육하는 과정에서 어느 정도 적절히 책임을 다른 곳에 위임할 것이다. 이러한 일은 교회로 자녀를 데려갈 때, 인터넷을 사용하도록 허락할 때, 학교에 보낼 때 일어난다.

모세가 광야에서 이스라엘 자녀들에게 하나님을 알고 순종하는 법을 교육할 때, 이드로는 그에게 다른 사람들에게 그 과업의 일부를 위임하는 것이 좋겠다고 조언했다. 그러나 이드로는 이 책임의 일부를 위임할 사람의 됨됨이를 주의 깊게 확인해야 한다고 경고했다. 그는 하나님을 경외하고, 진리를 사랑하며, 탐욕을 미워하는 사람이어야 했다(출 18:21).

적용하기

누구에게 자녀 교육을 돕도록 허락할 것인지 생각해보기를 바란다. 삶의 모든 영역에 관해 자녀를 가르치는 사람, 기관, 단체 등의 리스트를 만들라. 그리고 이러한 질문들을 던져보라.

1. 그 사람은 하나님을 두려워하고, 진리를 사랑하며, 탐욕을 미워하는가?
2. 그런 사람들에게만 자녀 교육을 맡기려면, 어떻게 해야 하는가?

물론 모든 상황에서 이것을 통제할 수는 없다. 하지만 이 원리는 우리 자녀가 교육받고 있는 삶의 중요한 영역에 적용될 수 있고, 적용되어야만 한다.

원리 8:
교육의 결과로, 교사의 믿음 체계와 세계관에 따라
다음세대의 믿음 체계와 세계관도 형성된다.

제자가 그 선생보다 높지 못하나 무릇 온전하게 된 자는 그 선생과 같으리라(눅 6:40).

너희는 내게 배우고 받고 듣고 본 바를 행하라 그리하면 평강의 하나님이 너희와 함께 계시리라(빌 4:9).

모든 사람은 삶에서 자신만의 태도나 행동을 만들어내는 근본적인 신념 체계나 세계관을 가지고 있다. 누구나 둘 중(하나님 중심 세계관 혹은 인간 중심 세계관) 하나의 세계관으로 살아간다. 이런 세계관이 형성되는 데는 교사에게 받는 영향이 크게 작용한다.

가르치는 모든 사람은 세 가지 방식으로 학습자에게 영향을 끼친다. 첫째는 가르치는 내용, 즉 교사가 말하는 것이고, 둘째는 의사소통, 즉 교사가 말하는 방식이며, 셋째는 행동, 즉 교사가 살아가는 방식이다. 아무도 개인적 철학(세계관)을 배제하고 가르칠 수 없다. 교육할 때 신념과 가치들이 겉으로 드러날 것이며, 그 신념과 가치는 교육받는 사람들의 신념과 가치관을 형성할 것이다.

조지 바나의 연구에 따르면, 오늘날 그리스도인 중 7-8퍼센트만이 삶을 성경적으로 이해한다고 주장한다.[4] 하나님나라 교육의 원리를 통해 우리가 오늘날의 그리스도인, 즉 하나님 중심의 세계관으로 살아가지 않았던 사람들에게 교육받아왔다는 결론에 도달하게 된다.

적용하기

스스로 다음 질문을 던져보라.

1. 나는 하나님 중심 세계관을 가지고 있는가? 삶을 성경의 관점으로 바라보며 사고하고 행동하는가?
2. 나의 자녀는 가정, 교회, 학교에서 어떤 종류의 세계관을 받아들이며 이해하고 있는가?
3. 자녀가 듣고 있는 음악에 어떤 세계관이 제시되고 있는가? 그들이 보고 읽는 미디어에서는? 그들이 공부하는 교과서에서는?

원리 9:
교육은 모든 지식을 성경적 세계관의 틀로 연결하여,
다음세대를 참된 지혜로 이끈다.

지혜를 얻으며 명철을 얻으라 내 입의 말을 잊지 말며 어기지 말라… 지혜가 제일이니 지혜를 얻으라 네가 얻은 모든 것을 가지고 명철을 얻을지니라(잠 4:5, 7).

여호와를 경외하는 것이 지혜의 근본이요 거룩하신 자를 아는 것이 명철이니라(잠 9:10).

하늘이 하나님의 영광을 선포하고 궁창이 그의 손으로 하신 일을 나타내는도다(시 19:1).

창세로부터 그의 보이지 아니하는 것들 곧 그의 영원하신 능력과 신성이 그가 만드신 만물에 분명히 보여 알려졌나니 그러므로 그들이 핑계하지 못할지니라(롬 1:20).

그 안에는 지혜와 지식의 모든 보화가 감추어져 있느니라(골 2:3).

낸시 피어시(Nancy Pearcey)는 『완전한 진리』(Total Truth)라는 책에서 다음과 같이 말한다. "우리는 모든 것에 성경적 관점이 존재한다는 것을 완전히 확신하면서 시작해야 한다. 그것은 단지 영적인 문제에만 한정되지 않는다. 어떤 신에 대한 두려움은 모든 지식 체계의 시작이다. 하나님은 창조 질서 전체의 유일한 근원이시다. 다른 어떤 신도 그분과 겨룰 수 없다. 어떤 자연의 힘도 스스로 존재하지 못한다. 그 무엇도 다른 근원으로부터 본성과 실존을 보장받을 수 없다. 그러므로 그분의 말씀과 법, 창조 법칙은 세상에 질서와 체계를 제공한다. 세상에는 철학적이든 영적이든 중립 지대는 없다."[5]

하나님은 인간이 연구하는 모든 주제에서 발견한 모든 사실을 포함한 전 우주를 창조하셨다. 성경은 하나님이 창조 세계에 대한 우리의 이해를 통해 그분의 인격과 본성을 드러내신다고 분명히 밝힌다. 우리가 자녀를 교육하는 것은 단순히 지식을 전달하는 것이 아니다. 부모의 목적은 배우는 모든 영역에 드러난 하나님의 뜻을 가르쳐서 참된 지혜와 명철에 이르게 하는 것이다.

자녀 교육의 한 영역을 영적으로 중립적인 것으로 취급한다면, 자녀로 하여금 하나님이 삶과 관련 없다고 생각하게 하는 결과를 낳을 것이다. 결국 자녀는 삶을 두 개의 영역(세속적인 영역과 거룩한 영역)으로 구분하게 될 것이다.

적용하기

스스로 다음 질문을 던져보라.

1. 영적으로 중립적인 지식이 있다고 믿는가?
2. 삶의 모든 측면과 지식의 의미를 찾으려 할 때, 하나님이 담으신 의미로 해석하게 하는 성경적 준거 틀(세계관)을 형성하고 있는가?
3. 자녀가 가정, 교회, 학교에서 받는 교육은 그들의 생각을 하나님께 복종하도록 요구하는가? 그리고 그것은 자녀가 하나님의 말씀에 비추어 창조 세계의 모든 면을 이해하도록 이끄는가?

원리 10:
교육에는 영원한 관점을 포함하는 미래관이 있어야 한다.

그러므로 너희가 그리스도와 함께 다시 살리심을 받았으면 위의 것을 찾으라 거기는 그리스도께서 하나님 우편에 앉아 계시느니라 위의 것을 생각하고 땅의 것을 생각하지 말라 (골 3:1-2).

무슨 일을 하든지 마음을 다하여 주께 하듯 하고 사람에게 하듯 하지 말라 이는 기업의 상을 주께 받을 줄 아나니 너희는 주 그리스도를 섬기느니라 (골 3:23-24).

너희를 위하여 보물을 땅에 쌓아 두지 말라 거기는 좀과 동록이 해하며 도둑이 구멍을 뚫고 도둑질하느니라 오직 너희를 위하여 보물을 하늘에 쌓아 두라 거기는 좀이나 동록이 해하지 못하며 도둑이 구멍을 뚫지도 못하고 도둑질도 못하느니라 네 보물 있는 그곳에는 네 마음도 있느니라 (마 6:19-21).

이 사람들은 다 믿음을 따라 죽었으며 약속을 받지 못하였으되 그것들을 멀리서 보고 환영하며 또 땅에서는 외국인과 나그네임을 증언하였으니 (히 11:13).

전제와 같이 내가 벌써 부어지고 나의 떠날 시각이 가까웠도다 나는 선한 싸움을 싸우고 나의 달려갈 길을 마치고 믿음을 지켰으니 이제 후로는 나를 위하여 의의 면류관이 예비되었으므로 주 곧 의로우신 재판장이 그날에 내게 주실 것이며 내게만 아니라 주의 나타나심을 사모하는 모든 자에게도니라 (딤후 4:6-8).

내가 달려갈 길과 주 예수께 받은 사명 곧 하나님의 은혜의 복음을 증언하는 일을 마치려 함에는 나의 생명조차 조금도 귀한 것으로 여기지 아니하노라 (행 20:24).

하나님은 모든 자녀의 삶에 두 개의 소명을 주신다. 자녀의 삶에 가장 우선되고 중요한 부르심은 영원한 소명(부르심)이다. 하나님은 모든 자녀가 예수 그리스도를 개인적인 주님으로 영접하고 구원자로 고백하기를 열망하신다. 두 번째 부르심은 일시적인 소명(부르심)이다. 이 소명은 지금 이 세상에서 살아가는 동안 그리스도를 섬기며 살아가라는 하나님의 요청이다.

어린이와 청소년을 잘 교육하여, 그들이 이 땅에서 섬김의 삶을 살아가도록 준비시켜야 하고, 영원토록 하나님 앞으로 나아갈 수 있게 해주어야 한다. 이 영원의 관점은 교육 과정 전체의 핵심이다. 교육에 관해 이야기할 때, 자연스럽게 현세의 삶에만 초점을 맞추게 되지만, 교육의 초점이 이 땅의 삶에만 맞추어져 있다면, 아이들은 오직 이 땅에서 부를 축적하는 것이 성공이라고 판단하게 될 것이다. 오늘날 세상에서는 부자가 되는 것을 교육의 주요 목표로 여기기 때문이다.

적용하기

다음 질문으로 스스로를 점검하라.

1. 나는 왜 자녀가 양질의 교육을 받기를 원하는가?
2. 자녀의 눈에 나의 삶은 어떻게 영원한 진리의 관점을 반영하고 있는 것으로 보일까?
3. 자녀가 가정, 교회, 학교에서 받는 가르침의 어떤 부분에서 영원한 관점이 드러나는가?

4. 하나님이 적합하다고 보시는 길 위에서 자녀가 쓰임받는 것보다, 좋은 직업을 갖고 편안하게 살아가는 것을 더 원하는가?

책을 마치며

다음세대 교육은 모든 믿음의 부모들이 적극적으로 감당해야 할 막중한 책임이다. 자녀가 부모에게 주어진 하나님의 과제인 것을 기억하라. 시편 127편 5절은 부모가 성공적으로 그 과업을 수행했을 때 "그들이 성문에서 그들의 원수와 담판할 때에 수치를 당하지 아니하리로다"라고 말한다.

오스왈드 챔버스는 이 시편 구절에 대해 이렇게 설명했다.

영적으로 나와 같은 유형의 사람을 만들어낼 수 있는가? 만약 그렇다면, 나는 어려운 시기에 장엄한 승리를 거둘 것이다. 하지만 자신과 같은 영적 후손을 만들어내지 못하는 영적인 사람에게는 화가 있을 것이다. 그는 어려움이 닥쳤을 때 도움받을 사람이 아무도 없어서 고립되고 외로울 것이다.[6]

시대가 지나갈수록 점점 더 많은 믿음의 부모가 자녀 교육에 대해 우려를 나타내고 있다. 사회에서, 특별히 청소년들 사이에서 거세지는 폭력성은 거대한 불안을 안겨준다. 정말 많은 부모가 내게 찾아와 "자녀를 어느 학교에 보내야 하나요?"라고 묻는다. 기독교 학교, 사립학교, 공립학교가 나을까? 아니면 홈스쿨링을 해야 할까?

이 질문은 치열한 논쟁을 일으킨다. 하나님 말씀 어디에서도 이 질문을 직접적으로 다루지 않기 때문에 어떤 입장이든 정당화되고 합리화될 수 있다. 이와 동시에 다음세대는 도덕적으로 계속 추락하여 통제 불능 상태가 된 것처럼 보일 것이다. 학교는 그들에게 영향을 주지 못하는 것처럼 보인다. 믿음의 부모가 자녀를 교육할 때 성경의 원리들을 따르지 않고 있기 때문이다.

이 논쟁은 결코 그리스도인이 자녀를 어느 학교에 보내야 하는가에 관한 것이 아니다. 이것은 하나님이 그리스도인이 어떻게 자녀를 교육하기를 원하시는가와 관련 있다. 다시 말해, 기독교 학교 대 공립학교에 관한 것이 아니다. 성경적 교육 대 세속적 교육과 관련된 사안이다. 나는 이 책을 읽은 모든 이가 다음세대 교육에 관한 10가지 성경적 원리에 주의 깊은 관심을 갖기를 소망한다. 하나님나라 교육이 추구하는 바를 실현하려 한다면, 이 10가지 원리를 온전히 따라야 한다.

교회에 2천만에서 2천5백만 명의 어린이와 청소년이 있다고 추산된다. 만약 그들이 잘 교육받고 성경적 세계관에 따라 행동하고 생각하여 하나님을 아는 성인이 된다면, 이 거대한 수는 강력한 영적 군대로서 엄청난 영향력을 미치게 될 것이다. 우리가 진정으로 자녀 교육에 하나님나라의 교육 원리를 적용하면, 어느 학교에 자녀를 보낼

지에 대한 질문에 더 정확하게 답할 수 있을 것이다. 그리하여 우리는 다음세대와 이 세상을 예수 그리스도께 인도하는 꿈을 이 땅에서 이루게 될 것이다.

주

추천의 글

1   Josh McDowell and Bob Hostetler, *Beyond Belief to Convictions*(Wheaton, Ill.: Tyndale House Publisher, 2002), 298.

들어가는 글

1   George Barna, 루이지애나주 배턴루지에서 열린 세미나 "What Effective Churches Have Discovered"의 발표에서 인용 (April 1997).
2   Ravi Zacharias, "Evangelistic Preaching in the 21st Century: Barriers of the Mind and Hungers of the Heart," Billy Graham Evangelistic Association 주최로 네덜란드에서 열린 Amsterdam 2000 conference의 연설(July 29-August 6, 2000), http://www.amsterdam2000.org/s_zacharias.asp(6 August 2002).
3   George Barna, "Americans Are Most Likely to Base Truth on Feelings," *Barna Research Online*, 12 February 2002, https://bit.ly/3i9rVfg(10 September 2002).
4   Frank Gaebelein, *Christian Education in a Democracy*(Colorado Springs: Association of Christian Schools International, 1995), 11-12.
5   Christian Overman, *Assumptions that Affect Our Lives*(Chatsworth, Calif.: Micah 6:8, 1996), 22. 『어섬션』(디모데 역간)

1장 교육의 기원

1. John Milton, "Of Education," in *Basic Writings In Christian Education*, Kendig Brubaker Culley 편집(Philadelphia: The Westminster Press, 1960), 24.
2. Webster's *New World Dictionary of the American Language*, college 편집, s. v. "Education."
3. "The Way We Live Now Poll," *New York Times Magazine*, sunday, 7 May 2000, sec.6, p. 58.

2장 하나님나라 교육이란?

1. Glen Schultz, *A Parent's Greatest Joy*(Nashville: Convention Press, 1997), 15.
2. Gene Mims, *Thine Is the Kingdom*(Nashville: LifeWay Press, 1997), 18.
3. Henry T. Blackaby and Claude V. King, *Experiencing God: Knowing and Doing the Will of God*(Nashville: LifeWay Press, 1990). 『하나님을 경험하는 삶』(요단출판사 역간)
4. W. A. Harper, *Character Building in Colleges*(New York: The Abingdon Press, 1928), 13-14.
5. 저자 미상.
6. Simon, Howe, Kirschenbaum, *Values Clarification: A Handbook of Practical Strategies for Teachers and Students*(New York: Hart Publishing Co., 1972), 뒤표지, 『상담·심리치료에서의 가치명료화』(학지사 역간), Josh McDowell, *Knowing Good from Evil*(2002), http://www.Josh.org(1 November 2002)에서 인용.
7. Timothy D. Crater, "The Unproclaimed Priests of Public Education," *Christianity Today*, 10 April 1981, 46, Russ Wise, "Education and New Age Humanism," https://bit.ly/3w6MJfP(8 October 2002), "Relativism is the Key"에서 인용.
8. 같은 글, 47.
9. Helen M. Hughes, *Inquiries in Sociology*(Newton, Mass.: Allyn and Bacon, 1972), page 37, Russ Wise, "Education and New Age Humanism," https://bit.ly/3w6MJfP(8 October 2002), "The Great Brain Robbery"에서 인용.
10. Richard Rorty, *Contingency, Irony, and Solidarity*(New York: Cambridge University Press, 1989), 5, 『우연성, 아이러니, 연대』(사월의책 역간),

"Multiculturalism," http://www.probe.org/docs/multicul.html(8 October 2002), "What is Multiculturalism?"에서 인용.

11 Joephson Institute of Ethics, "Making Ethical Decisions: What is Ethics Anyway?" June 2001, http://www.josephsoninstitute.org/MED/MED-what is ethics.html(14 May 2002).
12 Os Guinness, *Fit Bodies Fat Minds*(Grand Rapids, MI: Baker Books, 1994), 38.
13 Paul A. Kienel, Ollie Gibbs, and Sharon Berry 편집, *Philosophy of Christian School Education*(Colorado Springs, CO: Association of Christian Schools International, 1995), 148.
14 Paul A. Kienel, "Let's Preserve the Family," *Christian School Comment*, Vol. 11, No. 8(Colorado Springs, CO: Association of Christian Schools International).
15 Charles Swindoll, *Growing Deep in the Chrisitian Life*(Portland, Ore.: Multnomah Press, 1986), 56.
16 Woodrow M. Kroll, *The Vanishing Ministry*(Grand Rapids: Kreger Publications, 1991).
17 Oswald Chambers, *The Complete Works of Oswald Chambers*(Grand Rapids: Discovery House Publishers, 2000), 265.
18 Dr. Albert Mohler, Addressing Christian Educators at the ACSI Teachers Convention, Columbus, Ohio, October 2001.
19 Philip May, *Which Way to Educate?*(Chicago: Moody Press, 1972), 26-27.

3장 하나님나라 교육의 궁극적 결과

1 Charles Colson, *The Body: Being Light in Darkness*(Dallas: Word Publishing, 1992), 186.
2 John Blanchard, "Can We Live with Public Education?" *Moody Monthly*(October 1971), 88-89.
3 Milton, "*Of Education*," 192-204.
4 May, *Which Way to Educate?*, 60-61.
5 Kienel, Gibbs, and Berry 편집, *Philosophy of Christian School Education*, 7.
6 E. Ray Moore, Jr., *Let My Children Go*(Columbia, S.C.: Gilead Meida, 2002), 11.
7 Patrick M. Morley, *The Rest of Your Life: A Road Map for Christian Who Want*

a Deeper Understanding of What to Believe and How to Live It(Grand Rapids, Mich.: ZondervanPublishingHouse, 1998), 106.

8   Study note on Daniel 1:7 in *The Believer's Study Bible, New King James Version*, W. A. Criswell 편집(Nashville: Thomas Nelson Publishers, 1991), 1178.

9   Charles Colson, "Passing the Torch to Future Generations: Lessons from a Dictator," *BreakPoint Online*, no. 011123, 23 November 2001, https://bit.ly/3u4ESMW(1 November 2002).

10 Morley, *The Rest of Your Life*, 106.

11 David A. Noebel, *Understanding the Times: The Religious Worldviews of Our Day and the Search for Truth*(Eugene, Ore.: Harvest House Publishers, 1994). 『충돌하는 세계관』(DCTY 역간)

12 Colson, *The Body: Being Light in Darkness*, 186.

13 같은 책, 189.

14 Tim LaHaye, *The Battle for the Mind*(Old Tappan, NJ: Fleming H. Revell Co., 1980), 71. 『도전하는 현대무신론』(보이스사 역간)

15 LaHaye, *The Battle for the Mind*, 70.

16 같은 책, 68.

17 George Barna, *What Americans Believe: An Annual Survey of Values And Religious Views in the United States*(Ventura, Calif.: Regal, 1991), 85, Charles Colson, *The Body: Being Light in Darkness*, 178에서 인용.

18 George Barna, "How America's Faith Has Changed Since 9-11," *Barna Research Online*, 26 November 2001, https://bit.ly/3Jglwv1(27 November 2001).

19 LaHaye, *The Battle for the Mind*, 60.

20 Alvin Toffler, "The Psychology of the Future," *Readings in the Socio-Cultural Foundations of Education*, Burbach, Hackett, McMahon and Wagoner 편집(Sarasota, Fla.: Omni Press, 1974), 126.

21 Gerald Stiles, Professor, History of American Education, from a lecture given at a South Carolina Christian School administrators meeting sponsored by the Association of Christian Schools International(Charleston, S.C.: 1995).

22 Colson, *The Body: Being Light in Darkness*, 152.

23 같은 책, 154.

24 같은 책, 156.

25 Gaebelein, *Christian Education in a Democracy*, 18.

26 Morley, *The Rest of Your Life*, 97.
27 같은 책, 3.
28 같은 책, 96.
29 McDowell and Hostetler, *Beyond Belief to Convictions*, 5.
30 Morley, *The Rest of Your Life,* 87.

4장 교사의 영향력

1 Frank Gaebelein, *The Pattern of God's Truth* (Chicago: Moody Press, 1968), 37.
2 Albert Mohler, "Christian Educatioin, Minus Scripture, a 'Lie'," *Baptist Messenger* (Oklahoma City: Dec. 4, 1997), 11.
3 Morley, *The Rest of Your Life*, 95.
4 같은 책, 94.

5장 하나님이 부모에게 주신 과제

1 Schultz, *A Parent's Greatest Joy*, 1.
2 George Barna, "Born Again Adults Less Likely to Co-Habit, Just as Likely to Divorce," *Barna Research Online*, 6 August 2001, https://bit.ly/3tdhBt1 (14 October 2002).
3 John MacArthur, *What the Bible Says About Parenting* (Nashville: Word Publishing, 2000), xi.
4 같은 책, 12.
5 Overman, *Assumptions That Affect Our Lives*, 121.
6 MacArthur, *What the Bible Says About Parenting*, 19.
7 Bruce Wilkinson, *First Hand Faith* (Sisters, Ore.: Multnomah Books, 1996), 37.
8 Larry Burkett, *Financial Parenting* (Colorado Springs: Chariot Victor Publishing, Cook Communications, 1996), 39. 『부유한 자녀로 양육하라』 (CUP 역간)
9 Francis Curran, *The Churches and Schools: American Protestantism and Popular Elementary Education* (Chicago: Loyola University Press, 1954), 서문.
10 Overman, *Assumptions That Affect Our Lives*, 122.

11 MacArthur, *What the Bible Says About Parenting*, 71.
12 같은 책, 71.
13 Burkett, *Financial Parenting*, 43.
14 Wilkinson, *First Hand Faith*, 38.
15 같은 책, 40.
16 2001년 8월 7일, 텍사스주 보몬트에서 로린 부르게인이 간증한 내용을 허락받고 발췌함.

6장 가정에서 이루어지는 교육 과정

1 Overman, *Assumptions That Affect Our Lives*, 137.

7장 자녀 교육을 위한 조력자를 찾는 원리

1 Schultz, *A Parent's Greatest Joy*, 15.
2 MacArthur, *What the Bible Says About Parenting*, 19, 21.
3 Charles Swindoll, *Stress Fractures*(Portland, Ore.: Multnomah Press, 1990), 24-26.

8장 교회의 중요성

1 Mims, *Thine Is the Kingdom*, 99.
2 같은 책, 18.
3 Burkett, *Financial Parenting*.
4 같은 책, 43.

9장 교회를 향한 지상명령

1 Mims, *Thine Is the Kingdom*, 101.

10장 교회의 가정 지원 사역

1. 테네시주 마운트 줄리엣 제일침례교회 목사, Billie Friel이 가정 예배에서 설교한 내용, 1997.
2. Art Toalston, "In Defense of the Family," *SBC Life*(April 2001), http://www.sbclife.net/articles/2001/04/sla1.asp(11 September 2002).
3. John MacArthur, *What the Bible Says About Parenting*, ix.
4. Gaebelein, *Christian Education in a Democracy*, 8.
5. George Barna, "Churches Have Opportunity to Help Parents," *Barna Research Online*, 15 January 1998, http://www.barna.org/cgi-bin/PagePressRelease.asp?PressReleaseID=19Reference=C(8 May 2001).
6. Gaebelein, *Christian Education in a Democracy*, 10.
7. Wilkinson, *First Hand Faith*, 235.
8. Jay Strack, Victor Lee and Jerry Pipes, *Family to Family: Families Making a Difference*(Alpharetta, GA: North American Mission Board, Southern Baptist Convention, 1999), 50 and 124에서 인용.
9. Wilkinson, *First Hand Faith*, 174.
10. Warran A. Nord, *Religion & American Education: Rethinking a National Dilemma*(Chapel Hill, N.C.: University of North Carolina Press, 1995), 61.

11장 가정의 신앙과 가치를 강화하는 학교 교육

1. James Carper, "The Christian Day School," Carper Hunt 편집, *Religious Schooling in America*(Birmingham, Ala.: Religious Education Press, 1984), 118.
2. R. Michaelsen, *Piety in the Public School*(New York: The Macmillan Company, 1970), 51.
3. "The General Laws And Liberties of New Plymouth Colony," 개정판, June, 1971 in W. Brigham 편집, *The Compact with the Charter and Laws of the Colony of New Plymouth*(Boston: Dutton and Wentworth, Printers to the State).
4. Glen Schultz, *A Study of the Religious Beliefs and Practices of Christian School Graduates*(Charlottesville, Va.: University of Virginia, 1994), 38.
5. May, *Which Way to Education?*, 101.

6   Blanchard, "Can We Live with Public Education?" 88-89.
7   P. Hirst, "Public and Private Values and Religious Educational Content," in Theodore R. Sizer 편집, *Religious and Public Education*(Boston: Houghton Mifflin, 1967), 329-339.
8   H. Shelton Smith, *Faith and Nurture*(New York: Charles Scribner's Sons, 1941), 202.
9   James C. Dobson and Gary L. Bauer, *Children at Risk: The Battle for the Hearts and Minds of Our Kids*(Dallas: Word Publishing, 1990), 19-20.
10   같은 책, 35.
11   같은 책, 37.
12   Linda Seebach, "Let's Restore Separation of Church and State," (Commentary) *Gazette Telegraph*, January 18, 1995.
13   C. F. Potter, *Humanism: A New Religion*(1930) in D. L. Cuddy, "Are Secular Humanists Seeking Our Children's Minds? You Bet," *Commercial Appeal*, 5 August 1986(Memphis, Tenn.).
14   Paul Blanshard, *The Humanist*(March-April, 1976) in D. L. Cuddy, "Are Secular Humanists Seeking Our Children's Minds? You Bet," *Commercial Appeal*, 5 August 1986(Memphis, Tenn.).
15   John Goodland, "Schooling for the Future," in Roland M. Travis, "Should the Children of God Be Educated in the Temple of Baal?" *Presbyterian Journal*, 13 February 1985(Asheville, N.C.: God's World Publications, 1985).
16   John Dunphy, "A Religion for a New Age," *The Humanist* 43, no.1(January/February 1983), 26.
17   Roger LeRoy Miller, *Economics Today and Tomorrow*, 17장, "Government Spends, Collects and Owes," (New York: Glencoe Division of MacMillian/McGraw-Hill, 1991), 415, Josh McDowell, *Knowing Good from Evil*에서 인용.
18   Herbert Sorenson, Marguerite Malm, Garlie A. Forehand, *Psychology for Living*, 3번째 편집(New York: Webster/McGraw-Hill, 1971), 189-190.
19   Morton Botel and John Dawkins, *Communicating*, Grade 2(Lexington, Mass.: D.C. Heath, 1973), Josh McDowell, *Knowing Good from Evil*에서 인용.
20   Beverly J. Armento 외, "Understanding Pluralism," *A More Perfect Union*(Boston: Houghton Mifflin Company, 1991), 50.
21   Sorenson, Malm and Forehand, *Psychology for Living*, 319.

22 James A. Banks 외, *World: Adventures in Time and Place*(New York: McGraw-Hill School Division, 2000), 16.
23 Mounir A. Farah, Andrea Berens Karls, *World History: The Human Experience*(New York: Glencoe/McGraw-Hill, 1999), 179, Josh McDowell, *Knowing Good from Evil*에서 인용.
24 Robert Hatcher 외, *The Quest for Excellence*(Decatur, Ga.: Bridging the Gap Communications, Inc., 1993), 3, 66.
25 May, *Which Way to Educate?* 24.
26 같은 책, 26-27.

12장 학교, 주중에 사역하는 또 다른 교회

1 Curran, *The Churches and Schools*, 5.
2 Schultz, *A Study of the Religious Beliefs and Practices of Christian School Graduates*.
3 Paul Young, "The Marriage of the Church and the Christian School: Why Do They Struggle," *Christian School Education* 1, no. 2(1997-98), 5-8.
4 Derek J. Keenan, "A Crucial Relationship," *Christian School Education* 1, no. 2(1997-98), 4.

13장 말씀 중심의 학교 교육

1 John Morison, *Counsels to Young Men on Modern Infidelity and the Evidences of Christianity*(New York: American Tract Society).
2 Mohler, *Baptist Messenger*, 11.
3 John Piper, "Darwinism on My Front Porch," in *A Godward Life: Book Two: Savoring the Sustenance of God in All of Life*(Sisters, Ore.: Multnomah Publisher, 1999), 158.
4 Gaebelein, *Christian Education in a Democrary*, 1.
5 Benjamin Rush, *Essays, Literary, Moral and Philosophical*(Philadelphia: Thomas

and William Bradford, 1806), 113.
6 Benjamin Rush, *The Bible in Schools*(Garland, Tex.: The American Tract Society, 1995), "The Great Worth of the Bible in School," *Christian School Comment*, Vol. 26, No. 8(Colorado Springs: Association of Christian Schools International, 1995)에서 인용.
7 Rush, *The Bible in Schools*.
8 Fisher Ames, *Notices of the Life and Character of Fisher Ames*(Boston: T. B. Wait and Company, 1809), 134-135.
9 Noah Webster, "On the Education of Youth in America," Frederick Rudolph 편집, *Essays on Education in the Early Republic*(Cambridge, Mass.: Harvard Press, 1790), 50-51에서 재출간.
10 Frank Spina, "What Makes It Christian," *Moody Monthly*(Chicago: Moody Press, March 1993), 43.
11 Albert E. Greene, *Reclaiming the Future of Christian Education: A Transforming Vision*(Colorado Springs: Association of Christian Schools International, 1998), 44-45, 100. 『알버트 그린 박사의 기독교 세계관으로 가르치기』(CUP 역간)
12 Greene, *Reclaiming the Future of Christian Education*, 32, 37.

14장 이원론의 위험성

1 Blackaby and King, *Experiencing God: Knowing and Doing the Will of God*, 53.
2 Albert Greene, *Thinking Christianly: New Patterns for New People*(Medina, Wash.: Alta Vista College Press, 1990), 52-62.
3 Morley, *The Rest of Your Life*, 51
4 같은 책, 56.
5 Blanchard, "Can We Live with Public Education?" 88-89.
6 Walter Ediger, *The Quest for Excellence in Christian School Education*(Siloam Springs, Ark.: RPA Associates, 1993), 20.
7 Greene, *Reclaiming the Future of Christian Education*, 36.
8 Ediger, *The Quest for Excellence*, 18.
9 같은 책, 18.
10 Blackaby and King, *Experiencing God: Knowing and Doing the Will of God*, 44.

| 11 | Colson, *The Body: Being Light in Darkness*, 187. |
| 12 | Greene, *Reclaiming the Future of Christian Education*, 110. |

15장 마음과 생각을 새롭게 하기

1	Harry Blarmires, *The Christian Mind: How Should a Christian Think?*(Ann Arbor, Mich.: Servant Books, 1978), 3.
2	Blarmires, *The Christian Mind*, 67.
3	Os Guinness, *Fit Bodies, Fat Mind*, 14.
4	Morley, *The Rest of Your Life*, 2.
5	Barna, "What Effective Churches Have Discovered."
6	Guinness, *Fit Bodies, Fat Mind*, 136.
7	Charles Swindoll, *Living Above the Level of Mediocrity*(Waco, Tex.: Word Books, 1987), 23-26.
8	Morley, *The Rest of Your Life*, 28.

16장 실천으로 부르심

1	May, *Which Way to Education?* 9.
2	Nord, *Religion & American Education*, 61.
3	Herschel H. Hobbs, *The Baptist Faith and Message*(Nashville: Convention Press, 1971, rev. 1996), 97.
4	Hobbs, *The Baptist Faith and Message*, 97.
5	*The Baptist Faith and Message*, the Southern Baptist Convention에서 채택한 성명서(Nashville: LifeWay Christian Resources, 14 June 2000).
6	Blackaby and King, *Experiencing God: Knowing and Doing the Will of God*, 87.

나오는 글

| 1 | *The Believer's Study Bible, New King James Version*, 1178. |

2   Charles Colson, "Passing the Torch to Future Generations."
3   Greene, *Reclaiming the Future of Christian Education*, 29.
4   Bourguein, Testimony.
5   John Piper, "Should Christian Colleges Indoctrinate?" in *A Godward Life, BookTow*, 115-116.
6   Glenn Weekly, 테네시주 헨더스빌에 위치한 제일침례교회에서 2002년 2월 3일에 전한 설교에서 인용.

부록

1   Glen Schultz, Definition of Kingdom Education.
2   May, *Which Way to Education?* 9.
3   Milton, "*Of Education*," 192-204.
4   George Barna, 루이지애나주 배턴루지에서 열린 세미나 "What Effective Churches Have Discovered"의 발표에서 인용.(April 1997).
5   Nancy Pearcey, *Total Truth: Liberating Christianity from It Cultural Captivity*(Wheaton, IL: Crossway Books, 2004), 44-45. 『완전한 진리』(복있는사람 역간).
6   Chambers, *The Complete Works of Oswald Chambers*, 537.